自动驾驶汽车立法研究

丁芝华　周艾燕　李忠奎　李晓峰　**编著**

人民交通出版社

北京

内容提要

本书着眼于立法本身在加快国内自动驾驶发展和应用上的重要地位和作用，以寻求适合本土环境的自动驾驶汽车立法方案为目的，对自动驾驶汽车立法的动因、基础、需求、内容、重点、模式、路径等进行全面深入探讨。内容包括自动驾驶的基本原理、自动驾驶的发展现状和趋势、自动驾驶立法需求、国外自动驾驶立法、国内自动驾驶立法、自动驾驶伦理道德、自动驾驶法规框架体系、自动驾驶立法重点问题、自动驾驶立法推进路径等。

本书适合从事自动驾驶汽车监管、立法工作以及自动驾驶企业公共事务的人员使用，自动驾驶法规政策研究人员以及对自动驾驶感兴趣的读者亦可参考阅读。

图书在版编目（CIP）数据

自动驾驶汽车立法研究 / 丁芝华等编著. — 北京：人民交通出版社股份有限公司，2024.11. — ISBN 978-7-114-19587-7

Ⅰ. D922.174

中国国家版本馆CIP数据核字第2024G0U091号

Zidong Jiashi Qiche Lifa Yanjiu

书　名	自动驾驶汽车立法研究
著 作 者	丁芝华　周艾燕　李忠奎　李晓峰
责任编辑	牛家鸣
责任校对	赵媛媛　魏佳宁
责任印制	刘高彤
出版发行	人民交通出版社
地　　址	(100011) 北京市朝阳区安定门外外馆斜街3号
网　　址	http://www.ccpcl.com.cn
销售电话	(010)85285857
总 经 销	人民交通出版社发行部
经　　销	各地新华书店
印　　刷	北京虎彩文化传播有限公司
开　　本	710×1000　1/16
印　　张	9.5
字　　数	165千
版　　次	2024年11月　第1版
印　　次	2024年11月　第1次印刷
书　　号	ISBN 978-7-114-19587-7
定　　价	80.00元

（有印刷、装订质量问题的图书，由本社负责调换）

前言 PREFACE

20世纪20年代人类便开启了对自动驾驶的追梦之旅。21世纪以来，在信息、通信、人工智能、电子控制等技术的不断创新发展下，自动驾驶正变成现实。目前，不少国家和地区都允许自动驾驶车辆进行道路测试或试运营。

自动驾驶在提高道路交通安全水平、改善公众出行、缓解交通拥堵、促进交通运输绿色低碳发展等方面具有潜在的巨大价值，已成为未来道路交通运输发展的趋势和方向。作为跨领域融合创新发展的优良载体，它拥有巨大的市场潜力和产业价值，已成为全球新一轮新兴产业竞争的关键着力点和战略制高点。它的发展具有重大的战略意义。许多国家，包括发达国家和发展中国家，都非常重视自动驾驶的发展，采取了多种措施鼓励、支持和促进自动驾驶的发展，立法是这些措施中比较重要的一个。

自动驾驶的发展需要适宜的生态系统。政策法规、技术创新、基础设施与公众接受度是自动驾驶发展生态的四大支柱。其中，法规尤为重要。立法不仅能消除影响自动驾驶发展和应用的制度障碍，而且能规范自动驾驶的发展和应用，还能为自动驾驶的发展和应用提供法律保障。不少国家都在积极推动自动驾驶立法。目前，德国、日本、韩国、新加坡等国家都已建立了自动驾驶落地运营的法律制度。

近些年来，我国也通过制修订相关法律规章、专门的规范性政策性文件等方式，不断推进多种自动驾驶法规制度建设，包括市场准入管理、道路测试和示范应用管理、通信管理、测绘管理、数据保护等法律制度。此外，上海、深圳、苏州、无锡、阳泉等地对自动驾驶进行了专门立法。

国内外对自动驾驶立法进行了有益的探索与实践。从总体上看，这些实践多具有试验性。自动驾驶立法非常复杂，且面临一些现实难题。自动驾驶立法与传统车辆立法相比既有共性也有个性。各个国家和地区针对传统车辆制订的道路交通运输法律制度涉及大量的法律法规、技术标准，部分能够适用于自动驾驶，部分难以适用，这就需要针对自动驾驶的特殊性进行调整。推进自动驾驶立法还面临技术发展、伦理基础、级别差异和监管体制等多方面的难题。如何建立适合自动驾驶特点和发展的法律制度是一个需要持续深入研究的重要课题。

  本书对自动驾驶基本原理、发展现状和趋势、国内外自动驾驶法规制度建设情况等进行总结和分析，通过多种研究方法对前述问题进行了探索性研究，分析了自动驾驶发展带来的法律挑战和立法需求以及国内自动驾驶法规制度建设存在的问题，构建了国内自动驾驶法规制度框架体系，提出推进自动驾驶法规制度建设的路径和重点，期冀能够为我国自动驾驶立法提供参考。

  本书相关成果是作者多年持续跟踪研究自动驾驶立法的积累和总结。交通运输部法制司、科技司以及交通运输部科学研究院及其学术委员会、科研处和发展中心的各级领导非常重视自动驾驶立法研究，为本书内容提供了大量的指导、支持和帮助，在此深表谢意。

作 者
2024年3月

目录

第一章　自动驾驶概述 ·· 1
　第一节　自动驾驶及相关概念 ·· 1
　第二节　自动驾驶的分级 ·· 3
　第三节　自动驾驶的工作原理 ·· 6
　第四节　自动驾驶发展的技术路线 ·· 9
第二章　自动驾驶的发展现状和趋势 ·· 11
　第一节　发展现状 ··· 11
　第二节　发展趋势 ··· 26
第三章　自动驾驶立法需求 ·· 29
　第一节　自动驾驶带来的法律挑战 ·· 29
　第二节　立法需求 ··· 36
第四章　国外自动驾驶政策法规建设进展 ·· 41
　第一节　美国 ··· 41
　第二节　德国 ··· 50
　第三节　日本 ··· 57
　第四节　英国 ··· 65
　第五节　韩国 ··· 67
　第六节　新加坡 ·· 71
　第七节　国际组织 ··· 78
第五章　国内自动驾驶政策法规建设 ·· 83
　第一节　政策 ··· 83
　第二节　法规 ··· 91
　第三节　标准 ··· 102

第六章　自动驾驶法规制度框架体系 ······ 106
第一节　体系构建的基础、思路和原则 ······ 106
第二节　体系构成 ······ 108
第三节　建设内容 ······ 113
第四节　建设路径 ······ 118

第七章　自动驾驶立法重点问题 ······ 121
第一节　伦理基础 ······ 121
第二节　法律性质 ······ 126
第三节　道路测试管理 ······ 130
第四节　应用监管创新 ······ 135

参考文献 ······ 141

第一章 自动驾驶概述

第一节 自动驾驶及相关概念

一、自动驾驶的概念

近些年来，自动驾驶屡屡见诸报端，备受社会的关注。何谓自动驾驶，人们众说纷纭。在一定程度上这是因为自动驾驶有广义、狭义之分。

广义的自动驾驶是指车辆、船舶、航空器等驾驶的自动化，属于自动控制的一种形式，也是与传统的人工驾驶相对应的一种驾驶模式。自动控制，就是在没有人直接参与的情况下，通过控制装置使被控的对象或者过程自动地按照预定的规律运行[1]。自动驾驶就是在没有人的直接参与下，由控制装置完成车辆、船舶、航空器等部分或全部的动态驾驶任务。所谓动态驾驶任务，是指操作车辆、船舶、航空器等启动、行驶（航行）和停止等过程中的各种活动。

自动控制技术是人类在征服自然的生产实践中孕育、产生并随着社会生产和科学技术的进步而不断发展起来的。自动驾驶技术是自动控制技术等不断发展的产物。在很多年以前，自动驾驶技术就已被运用在飞机、邮轮和大型货船上。例如，美国的SPERRY公司早在1912年就推出了一套飞机自动驾驶装置，它可以引导飞机自动进行直线、水平飞行，无须飞行员全程关注和干预[2]。后来，自动驾驶技术也逐渐被应用在列车、汽车上。

汽车的自动驾驶，也就是汽车驾驶的自动化，是指在没有人干预的情况下由自动驾驶系统完成汽车的部分或全部动态驾驶任务，为狭义上的自动驾驶。在实践中,人们常说的自动驾驶多指汽车的自动驾驶❶。汽车的自动驾驶是自动控制向高层次的智能控制方向发展的产物。智能控制是自动控制的最新发展阶段,与人工智能、传感器、导航、安全保护等技术的发展密不可分[3]。自动驾驶使汽车具有了自主性,既是对汽车驾驶方式的深刻变革,也对道路交通运输的组织、运行和管理产生深远的影响。

伴随着计算机、无线通信、移动互联网、全球定位、人工智能、物联网、大数据等技术的迅速发展,自动驾驶已逐步成为了未来汽车发展的一种趋势,也是汽车行业正在发生的深刻变革之一[4-5]。由于汽车自动驾驶具有智能控制的特点,这种趋势也常被称为汽车发展的智能化趋势。

二、与自动驾驶相关的概念

在实践中,常见的与自动驾驶相关的概念主要包括无人驾驶、自动驾驶系统、自动驾驶汽车、智能网联汽车等。

无人驾驶是与自动驾驶关系最为密切的概念,虽然二者存在一些区别,但在实践中常被不加以区分地使用。有些人会把无人驾驶理解为由自动驾驶系统完成汽车全部动态驾驶任务情形下的自动驾驶,即最高级的自动驾驶,而自动驾驶既包括无人驾驶,也包括由自动驾驶系统完成汽车部分动态驾驶任务情形下的自动驾驶。人们有时也把无人驾驶称为自主驾驶。

汽车的自动驾驶是由自动驾驶系统完成的,自动驾驶系统也是一个与自动驾驶关系较为密切的概念,它是指实现车辆驾驶自动化的硬件和软件共同组成的系统。这里的车辆驾驶自动化,既包括自动驾驶系统的启用有特定设计运行范围的情形,也包括自动驾驶系统的启用无特定设计运行范围限制的情形。

在实践中,人们经常也会使用自动驾驶替代自动驾驶汽车的概念。自动驾驶汽车是指配置自动驾驶系统,可以由自动驾驶系统完成车辆动态驾驶任务的汽车,也常被称为无人驾驶汽车、电脑驾驶汽车或轮式移动机器人。国内通常把它称为智能网联汽车、智能汽车。2020年,由国家发展改革委、国家互联网信息办公室、工业和信息化部等11部门联合发布的《智能汽车创新发展战略》中,自动驾驶汽车被界定为:"通过搭载先进传感器等装置,运用人工智能等新技术,具有自动驾驶功能,逐步成为智能移动空间和应用终端的新一代汽车。"2021年发布的《智能网联汽车道路测试与示范应用管理规范(试行)》中,它被界定为:"搭载先进的车载传感器、控制器、执行器等装

---

❶ 下文中除非有特殊说明,否则所介绍的自动驾驶皆指汽车的自动驾驶。

置，并融合现代通信与网络技术，实现车与X（人、车、路、云端等）智能信息交换、共享，具备复杂环境感知、智能决策、协同控制等功能，可实现安全、高效、舒适、节能行驶，并最终可实现替代人来操作的新一代汽车。"对于这些概念，人们可能有不同的理解。例如，无人驾驶汽车、自动驾驶汽车、智能汽车是一个从窄到宽依次排列的概念，自动驾驶汽车包含无人驾驶汽车，而智能汽车包含自动驾驶汽车[6]。

由于自动驾驶技术的发展和应用，也产生了根据驾驶模式对汽车进行的新分类：汽车可以分为普通汽车、双驾驶模式汽车和完全自动驾驶模式汽车。其中，普通汽车就是指运用人工驾驶模式的汽车，双驾驶模式汽车是指既可运用人工驾驶模式，也可运用自动驾驶模式的汽车。

第二节　自动驾驶的分级

作为一种新兴技术，自动驾驶仍处于发展阶段。根据车辆驾驶自动化程度和范围的不同，自动驾驶往往被分为多种级别。不同级别的自动驾驶具有不同的功能和特点。

一、国外自动驾驶分级

目前，全球汽车行业公认的汽车自动驾驶系统分级标准有两个，分别由美国高速公路安全管理局（NHTSA）和国际自动机工程师学会（原美国汽车工程师学会，SAE International）提出。前者于2013年把汽车自动驾驶系统分为0~4级，具体包括辅助驾驶、部分自动驾驶、条件自动驾驶和完全自动驾驶。后者把汽车自动驾驶系统分为0~5级，具体参见表1-1。当前，国际自动机工程师学会提出的标准为主流标准，为多个国家和国际组织所采纳。

国际自动机工程师学会是汽车以及航空行业的顶级标准制定组织，早在2014年就已经发布第一版SAE J3016《标准道路机动车驾驶自动化系统分类与定义》，对不同级别自动驾驶技术之间的差异性做了明确的划分。2016年，该标准进行了修订完善。同年9月，美国运输部发布《关于自动化车辆的测试与部署政策指引》，也明确将SAE J3016标准确立为定义自动化/自动驾驶车辆的全球行业参照标准，用以评定自动驾驶技术。此后，全球诸多汽车行业相关的企业也采用SAE J3016对自身相关的产品进行技术定义。2018年和2021年，该标准再次进行了修订完善。

SAE J3016（2021）自动驾驶分级情况　　　　　表1-1

等级	名称	特征	安全驾驶涉及的监控、应对主体
驾驶人全程或部分执行驾驶任务			
0	人工驾驶	驾驶人执行全部动态驾驶任务，车辆可能配置主动安全系统	驾驶人
1	辅助驾驶	车辆驾驶自动化系统在特定设计运行条件下执行部分动态驾驶任务：横向或纵向操作（但两者不同时），其他驾驶操作仍由人完成	驾驶人
2	部分自动驾驶	车辆驾驶自动化系统在特定设计运行条件下执行部分动态驾驶任务：横向或纵向操作，驾驶人执行部分目标与事件探测及反应任务，并监督车辆驾驶自动化系统运行	驾驶人
自动驾驶系统（启用时）全程执行驾驶任务			
3	有条件自动驾驶	自动驾驶系统在特定设计运行条件下持续执行全部动态驾驶任务，驾驶人在需要接管时及时对车辆进行接管，并在自动驾驶系统运行发生故障时进行适当处理	系统（紧急情况下交由驾驶人）
4	高度自动驾驶	自动驾驶系统在特定设计运行条件下持续执行全部动态驾驶任务以及动态驾驶任务后援任务，乘客无须对车辆驾驶进行干预	系统
5	完全自动驾驶	自动驾驶系统在各种道路交通条件下持续执行全部动态驾驶任务以及动态驾驶任务后援任务，乘客无须对车辆驾驶进行干预	系统

　　根据上述标准，自动驾驶级别由低到高分为辅助驾驶（L1级）、部分自动驾驶（L2级）、有条件自动驾驶（L3级）、高度自动驾驶（L4级）和完全自动驾驶（L5级）。L1级和L2级属于低级别自动驾驶，车辆驾驶自动化系统的感知和决策能力还比较有限，车辆驾驶主要由驾驶人负责。在实践中，低级别自动驾驶主要包括自适应巡航控制（Adaptive Cruise Control）、车道居中辅助（Lane Centering Assistance）、主动驾驶辅助（Active Driving Assistance）等，倒车雷达等泊车辅助、碰撞预警、碰撞预防以及远光灯自动控制、车辆事故自动呼救等都不对驾驶人的角色产生重要影响，不属于低级别自动驾驶的范围。L3级至L5级属于高级别自动驾驶，车辆配置的驾驶系统为自动驾驶系统，其感知和决策能力已经比较强大，车辆驾驶基本都是由自动驾驶系统完成。对于L3级，在特定情形下需要驾驶人进行接管，这种特点也被称为人机共驾、协同驾驶等。L5级为自动驾驶的最后和最高级别，车辆具有完全的自主驾驶功能。

2023年，全球领先的自动驾驶公司Mobileye推出了新的自动驾驶分级标准，将自动驾驶分为注视前方/手握转向盘（Eyes-on/Hands-on）、注视前方/可脱手（Eyes-on/Hands-off）、解放双眼/可脱手（Eyes-off/Hands-off）和无驾驶人（No-Driver）四个等级，具体参见表1-2[7]。该分级标准与前述两种存在较大差异。

Mobileye自动驾驶分级情况　　　　　　　　　　表1-2

等级	英文名称	特征	对应的SAE等级
1	Eyes-on/Hands-on	需要驾驶人将全部注意力集中在驾驶上，系统作为辅助	L1级与L2级
2	Eyes-on/Hands-off	系统已经具备较高等级的自动驾驶能力，可根据导航从A点驾驶到B点，自主变道，并选择驾驶策略，但需要驾驶人保持关注	L2+级
3	Eyes-off/Hands-off	当开启系统时，在限定的运行设计域(Operational Design Domain,ODD)内，驾驶人不再需要任何操作	L3~L4级
4	No-Driver	车内不再有驾驶人。在Robotaxi应用中，将由远程操作员(Teleoperator)取代人类驾驶人的角色，以干预解决如系统锁死、警察检查交通等非安全情况，避免对交通流通造成影响	L5级

目前，这种分级对于驾驶人认识自动驾驶的特征，特别是低级别自动驾驶的特征，保证车辆的行驶安全具有较大价值。此外，对于向社会普及自动驾驶也具有一定价值。

二、国内自动驾驶分级

2021年8月，由工业和信息化部提出、全国汽车标准化技术委员会归口管理的推荐性国家标准《汽车驾驶自动化分级》（GB/T 40429—2021）正式发布，并于2022年3月1日起实施。该标准按照驾驶自动化系统能够执行动态驾驶任务的程度，根据在执行动态驾驶任务中的角色分配以及有无设计运行条件限制，将驾驶自动化分成0级（应急辅助）、1级（部分驾驶辅助）、2级（组合驾驶辅助）、3级（有条件自动驾驶）、4级（高度自动驾驶）、5级（完全自动驾驶）共6个不同等级，具体参见表1-3。其中部分驾驶辅助和组合驾驶辅助属于低级别自动驾驶，后三者属于高级别自动驾驶。

GB/T 40429—2021 自动驾驶分级情况　　　　　　表1-3

等级	名称	特征
0	应急辅助	系统不能持续执行动态驾驶任务中的车辆横向或纵向运动控制,但具备持续执行动态驾驶任务中的部分目标和事件探测与响应的能力
1	部分驾驶辅助	系统在其设计运行条件下持续执行动态驾驶任务中的车辆横向或纵向运动控制,且具备与所执行的车辆横向或纵向运动控制相适应的部分目标和事件探测与响应的能力
2	组合驾驶辅助	系统在其设计运行条件下持续执行动态驾驶任务中的车辆横向和纵向运动控制,且具备与所执行的车辆横向和纵向运动控制相适应的部分目标和事件探测与响应的能力
3	有条件自动驾驶	系统在其设计运行条件下持续地执行全部动态驾驶任务
4	高度自动驾驶	系统在其设计运行条件下持续地执行全部动态驾驶任务并自动执行最小风险策略
5	完全自动驾驶	系统在任何可行驶条件下持续地执行全部动态驾驶任务并自动执行最小风险策略

尽管在有些等级的名称上存在不同,但是国内对于自动驾驶的分级基本上与SAE J3016相同。

第三节　自动驾驶的工作原理

具有高级别自动驾驶功能的车辆往往具有较强的自主性,它的驾驶主要是由车辆自身完成的,它所配置的自动驾驶系统能够替代驾驶人进行驾驶操作,操控车辆上路行驶,安全、可靠地执行运输任务。自动驾驶系统能够探测、识别车况、工况、路况以及环境状况,根据这些状况做出正确决策,并按照决策命令操控车辆行驶。它能够像驾驶人一样进行一系列的驾驶操作,包括起动、起步、加减速、超车、转向、掉头、停车等。在车辆的运行过程中,它能够根据车况、工况、路况以及环境状况处理好车辆行驶中遇到的各种问题。伴随着技术的发展,自动驾驶将成为机动车辆的一项重要功能,它的实现需要一系列的技术及相应的软硬件支撑。

一、自动驾驶的功能体系架构

自动驾驶的基本过程由感知、决策和执行三部分构成。自动驾驶功能体系的构成大致与这些部分相对应,主要分为三个层次:环境感知子系统、实时车辆环境感知地图子系统和驾驶决策功能子系统,第一层的环境感知数据被送达第二层的实时车辆环境感知地图子系统,第二层的结果被送达第三层的驾驶决策子系统[8]126-127。

环境感知子系统负责获取环境感知数据,即车辆数据、车辆环境感知数据(道路基础设施感知数据和道路目标物感知数据)、交通运行环境感知数据和周围车辆数据(车辆位置、车辆行驶与车辆操作数据)与行人位置数据,实时车辆环境感知地图子系统对从环境感知子系统获得的环境感知数据进行处理,实现对道路基础设施、交通运行环境和道路目标物的监测与识别,形成实时的交通运行数据、道路基础设施数据和道路目标物数据,驾驶决策子系统从实时车辆环境感知地图子系统获得识别后的交通运行环境、道路基础设施和道路目标物数据以及从环境感知子系统获得本车的车辆数据(当前的车辆位置数据及所处的车道、车辆行驶数据及车辆速度和方向),并根据出发地、目的地、出发时间、能效和舒适性等运输与出行要求,确定总体的驾驶路径策略、具体的驾驶行为策略,并进行运动规划[8]127-128。

驾驶决策子系统包括4个基本功能:路径规划、行为策略(驾驶任务)、运动规划(含纵向的轨迹规划和横向的速度规划)和操作指令,最终根据驾驶决策结果,形成驾驶操作指令并将其交由电子控制单元进行驾驶控制和执行[8]127-128。其中,路径规划类似于汽车导航功能,根据相关数据和运输、出行要求,对全程行驶路径进行规划;行为策略根据相关数据,实时地确定行驶、跟车、转弯、换道和停车等驾驶行为;运动规划将行为决策解释成一条带有时间信息的轨迹曲线,以便形成操作指令,对车辆的部件进行控制执行;操作指令是根据行政决策生成的对车辆转向盘、加速踏板和制动器等车辆工作部件的具体指令[8]128-131。

就各种具体的功能而言,自动驾驶的主要功能包括环境感知、环境识别、地图建模、车辆定位、路径规划和驾驶决策等❶。

---

❶ 关于各主要功能的详细内容,可参见:王泉《从车联网到自动驾驶:汽车交通网联化、智能化之路》,人民邮电出版社,2018年版,第134~135页。

二、自动驾驶的关键技术

实现自动驾驶功能的关键技术主要包括环境感知、高精度地图与定位、自主式决策与控制、智能网联汽车测试与评价等[9]5-7。环境感知技术通过安装在自动驾驶汽车上的传感器，完成对周围环境的识别和理解，具体任务包括目标检测、图像与点云的分割、目标跟踪、意图识别、轨迹预测与风险评估等。该技术对自动驾驶的发展有着至关重要的影响，准确、鲁棒和高效的感知算法是自动驾驶汽车安全性、舒适性的保证。高精度地图与定位技术可用来为车辆提供位置、姿态和周边道路环境信息，为自动驾驶汽车的规划、决策与控制等技术提供支持，是自动驾驶汽车解决方案的核心和基础。自主式决策与控制技术以车辆为控制对象，基于传感器、地图等输入的环境信息与驾驶目标，规划未来一段时间的行驶轨迹。自动驾驶汽车测试与评价技术是在复杂的驾驶场景下对车辆的自动驾驶功能进行评估，验证车辆功能是否满足预期设计要求。

具体到各项技术，实现自动驾驶功能的关键技术主要包括人工智能芯片、车载计算平台、传感技术、视觉识别、雷达测距测向、卫星定位及地基增强系统、惯导系统、高精度地图创建和人工智能等[8]134。

三、自动驾驶系统的软硬件构成

具有高级别自动驾驶功能的车辆配置的自动驾驶系统是由一系列软硬件组成的复杂系统。

硬件主要包括智能感知、线控执行和计算平台三部分。其中，智能感知部分多包括单目、双目、环视摄像头等视角传感器、毫米波雷达、激光雷达和超声波雷达等雷达传感器、全球卫星定位系统（GNSS）传感器、惯性测量单元（IMU）、高精地图、陀螺仪、车辆控制器局域网总线（CAN）等，线控执行部分包括线控驱动、线控转向和线控制动等线控执行装置，计算平台部分包括处理器、控制器和芯片等。此外，还包括车对外界的信息交换（V2X）设备等通信装置、人机交互装置等。

软件主要包括系统软件、功能软件和应用软件三部分。其中，系统软件多包括异构分布系统的内核系统、虚拟机监视器、分布式数据服务系统等，功能软件包括自动驾驶通用框架、通信模块等[9]50-52，应用软件主要包括数据地图、数据感知、多元融合、决策规划、控制执行等软件。

第四节 自动驾驶发展的技术路线

在自动驾驶的发展上，存在着两种不同的技术路线，即单车智能与车路协同，这两种路线各有优缺点。

一、单车智能

汽车行业对自动驾驶的探索，最初就始于单车智能。单车智能的主要特征可以概括为"聪明的车"。按照单车智能的路线，自动驾驶的完成完全依赖于由软硬件组成的车载驾驶自动化系统或自动驾驶系统以及高精地图[10]155，基本不需要互联网、物联网的支撑和协助。

相比于单车智能的路线，自动驾驶具有较强的独立性，自动驾驶的执行完全由车辆自身完成，不需要在道路上安装支持的设备、设施等，相对更可靠、稳定。此外，企业能够完全掌控，标准统一，能够快速形成产品[11]。

但是，该路线存在成本高昂、系统复杂、安全短板等缺点[11]，对车辆软硬件的要求非常高，因而自动驾驶车辆的制造成本大大增加，自动驾驶车辆的推广难度增大。在环境感知、计算决策和控制执行的多个环节均存在不同程度的技术瓶颈，在应用过程中也出现了各种失效的问题[12]，在运行上对环境的要求较高。各类传感器的可靠性以及对突发事件的响应能力存在不足，影响自动驾驶系统的环境感知能力，如容易受到遮挡、恶劣天气等环境条件影响[13]。

二、车路协同

车路协同是随着自动驾驶技术发展而形成的一种路线。车路协同的主要特征可以概括为"聪明的车+智慧的路"。按照车路协同的路线，自动驾驶的完成既需要由软硬件组成的车载驾驶自动化系统或自动驾驶系统，也需要物联网的支撑和协助。通过无线通信、传感探测等技术，自动驾驶车辆能够获取车辆以及道路的相关信息，通过车车、车路之间的通信进行信息资源的交互和共享，在车辆和基础设施之间实现智能协同与配合，达到资源的优化配置，保证道路的交通安全[14]。车路协同是智能交通系统发展的产物，不仅适用于自动驾驶车辆，也适用于传统车辆。只是车路协同与自动驾驶车辆具有天然的契合性，更适合自动驾驶车辆。

车路协同路线的优点在于降低了单车的复杂度和成本,解决了复杂环境中非视距场景下的安全和全局协同等[11]。路侧安装的设备、设施等能给自动驾驶的执行提供较好的支持,弥补车辆设备在技术上存在的不足,降低了运行环境要求,降低了自动驾驶车辆的制造成本,提高了车辆行驶的安全性。例如,在暴雨天气时,车路协同的路侧感知赋予车辆多套冗余感知能力,可以有效解决前述单车智能存在的问题,即使在积水覆盖道路标线的情况下,车辆仍然可以保持精确定位。在黑夜场景下,路侧设备设施可以弥补单车智能因光线原因等导致传感器难以收集信息的缺点[15]。

但是,车路协同在技术和推广应用上都面临着一些挑战[13]。在技术上,路侧消息采信机制难以建立,传输信道可靠性难以保证,车与车、车与路的身份认证机制待建立等。在推广应用上,车路协同基础设施建设的参与主体多元化,模式尚不清晰,投资规模大,存在投资回报不确定、安全责任风险多发等问题。

关于自动驾驶的发展适合采用哪种技术路线,一直存在较大争议。从目前来看,车路协同在国内被认为是一种相对完善的路线,得到越来越多的认可。而且车路协同正在形成更加完善的路线,如"车路云一体化"路线、"车路云网图"路线等。对于"车路云一体化"路线,其主要特征可以概括为"聪明的车+智慧的路+强大的云",云端平台能够通过大量的数据、场景、实时信息以及相关数据统计、分析,为自动驾驶的运行提供更好的技术支撑和安全保障。

第二章 自动驾驶的发展现状和趋势

第一节 发展现状

一、国外发展现状

在国外,自动驾驶的研发可以追溯至20世纪20年代。1925年,美国无线电设备公司Houdina Radio Control就在纽约市展示了一辆名为American Wonder的自动驾驶汽车,这辆汽车可以在没有驾驶人的情形下起动发动机、换挡并转向,在当时引起了不小的轰动[16]1。但是,它实际上是一辆遥控汽车。直到20世纪50年代,才开始出现可行的自动驾驶实验,并取得部分成果[17]2。

第一辆真正自动化的汽车出现在20世纪80年代。1984年,美国卡内基梅隆大学启动"NavLab"计划和"ALV"计划,1987年,欧洲的梅赛德斯-奔驰与慕尼黑联邦国防军大学共同启动"尤里卡·普罗米修斯"计划,以推进自动驾驶汽车的研发[17]2。1986年,卡内基梅隆大学团队研发出第一辆通过传感器自动导航的无人驾驶汽车Navlab一代,最高时速32公里,这也是全球第一辆由计算机驾驶的汽车[16]3-5。也就是此期间,许多大型公司和研究机构开始研发自动驾驶汽车原型,包括通用汽车、大陆汽车、艾尔维、帕尔玛大学、牛津大学等[17]2-3。

在2000年之前,卡内基梅隆大学研发的Navlab系列智能车和意大利的ARGO实验车最具代表性,此外,德国的VaMoRs-P系统也应用了许多自动驾驶技术[18]9-10。进入21世纪后,自动驾驶挑战比赛有力促进了自动驾驶的发展,其中比较著名是美国国防部高级研究计划局举办的无人驾驶挑战赛。第一届比赛在2004年举行，第二届比赛在2005年举行，第三届比赛在2007年举行，这三届比赛为以后的深入研究和商业化发展奠定了坚实基础[9]2-3。2020年以后，自动驾驶进入快速发展时期。

1. 美国

在美国联邦政府和多州政府的支持下，凭借信息技术的领先优势，自动驾驶持续加快发展。

2012年，谷歌研发的自动驾驶汽车获得了内华达州机动车管理局颁发的第一张测试牌照❶，这仅是该州在美国率先通过立法允许自动驾驶汽车上路行驶的三个月后[17]3。

2015年7月，谷歌在得克萨斯州奥斯汀公开道路上测试其自动驾驶汽车。同年10月，特斯拉推出半自动驾驶系统Autopilot。

2016年1月，通用汽车公司成立自动驾驶汽车团队。同年5月，Uber无人驾驶汽车在宾夕法尼亚州匹兹堡市的Uber先进技术中心进行道路测试。同年9月，Uber在该市部分城区推出无人驾驶出租车载客服务。同年12月，谷歌拆分无人驾驶业务，成立了著名自动驾驶研发公司Waymo。

2017年5月，美国内华达大学的Living Lab Coalition得到了内华达州瓦肖县地区交通委员会的支持，被允许在雷诺市、斯巴克斯市和卡尔森市的街道上测试自动驾驶巴士[19]23。同年10月，Waymo在亚利桑那州菲尼克斯开展大规模的L4级自动驾驶汽车道路测试。

2018年1月，通用汽车公司推出第四代Cruise自动驾驶汽车。同年3月，Uber的一辆自动驾驶测试车在亚利桑那州进行路试时发生事故，导致一位行人死亡。同年11月，福特、沃尔玛和货运创业公司Postmates宣布将在美国试用自动驾驶来提供杂货配送服务。同年12月，Waymo率先在菲尼克斯地区推出了无人驾驶出租汽车服务。截至2018年年底，Waymo无人驾驶道路行驶里程突破1600万公里。

2019年4月，专线车公司May Mobility、Optimus Ride和Navya开始在拉斯维加斯、哥伦布和波士顿城郊等城市或地区搭载乘客。同年5月，Waymo将其测试范围从乘用车扩展到载货汽车，其测试得到谷歌公司在亚特兰大的数据中心的技术支持。同年7月，Waymo One在亚利桑那州进行收费标准的测试，在探索商业化运作的进程中又创造了一个里程碑。加利福尼亚州（以下简称"加州"）则给Zoox、Pony和AutoX颁发了载客测试牌照，但不允许收费。同年9月，美国运输部通过自动驾驶系统示范拨款项目（The Automated

---

❶ 谷歌公司在2009宣布组建无人驾驶技术研发团队，开始研发无人驾驶汽车。

Driving System Demonstration Grants）拨款约6000万美元，资助来自7个州的8个项目，以推动自动驾驶技术的研究和测试。

2020年2月，美国国家公路交通安全管理局（NHTSA）运用法律豁免规定批准Nuro公司率先部署没有侧视镜和转向盘等操作控制的无人送货车，并要求该公司在2年内的部署规模不超过5000台。同月，通用汽车公司推出的Cruise获得加州公用事业委员会（CPUC）的许可，提供无人驾驶汽车载客服务，通用汽车公司成为试点计划的六家公司之一，根据要求，无人驾驶汽车运行时必须在转向盘后方配备安全员。同年4月，Nuro公司经加州机动车管理局许可，可在旧金山湾区部分地区的公共道路上测试无人驾驶送货车辆。同月，加州公用事业委员会允许Voyage公司在该州的公共道路上利用自动驾驶车辆运送乘客。同年8月，自动驾驶载货汽车初创公司Locomation与物流公司Wilson Logistics合作的两辆自动驾驶载货汽车牵引车在美国境内的州际公路行驶了420英里（约676公里），成功完成了Locomation公司的首次公路商业货运测试。同年11月，自动驾驶公司Motional获得内华达州的许可，开始在拉斯维加斯开放道路上进行全无人驾驶道路测试。

2021年6月，自动驾驶公司Waymo与运输物流公司J. B. Hunt在得克萨斯州合作开展自动驾驶载货汽车测试。同月，Cruise公司获得加州公用事业委员会的许可，可向乘客提供无安全员参与下的无人驾驶汽车载客服务。同年7月，自动驾驶公司Argo AI获得加州许可，可在该州公共道路上利用自动驾驶汽车为公众提供免费载客服务。同年9月，沃尔玛宣布与福特汽车和Argo AI公司在奥斯汀、迈阿密、华盛顿开展自动驾驶送货服务。

2022年3月，Waymo公司将菲尼克斯东谷地区的自动驾驶车队服务扩展到城市中心区。同年5月，Argo AI公司开始在佛罗里达州的迈阿密和得克萨斯州的奥斯汀运行无人驾驶汽车。同月，自动驾驶初创公司Gatik获得得克萨斯州政府许可，在该州开展自动驾驶厢式货车测试。同年6月，Cruise公司获得加州公用事业委员会的许可，在旧金山开展Robotaxi的商业化收费运营。同年10月，Waymo公司将自动驾驶出租车业务推广至洛杉矶。同年12月，Uber公司和Motional公司在拉斯维加斯推出自动驾驶出租汽车业务。

2023年2月，亚马逊旗下自动驾驶公司Zoox在加州福斯特城对无人载客小巴进行了公开道路载人测试。同年8月，加州公用事业委员会正式批准Waymo公司和Cruise公司两家自动驾驶公司在旧金山运营无人驾驶出租车。同年10月，旧金山一位行人被一辆传统出租车撞倒后，又被一辆Cruise公司的无人驾驶出租车撞上并卷入车底拖行，受伤严重。事故发生后，加州机动车辆管理局立即暂停了 Cruise 公司无人驾驶出租汽车的运营。

2024 年年初，Waymo 公司宣布将在美国菲尼克斯的高速公路上进行没有安全员的、真正意义上的"无人驾驶"测试。

2. 欧洲

在欧洲，不少研究机构、初创公司和传统汽车制造商致力于自动驾驶的研发，推动了自动驾驶的快速发展。

2011 年，英国牛津大学研发的自动驾驶汽车 Wildcat 通过激光雷达和相机监控路面状况、交通状况以及行人等测试，能够在崎岖山路上自主行驶[16]6。

2013 年，意大利帕尔玛大学研发的自动驾驶汽车 BRAiVE 在帕尔玛城区自主行驶，顺利通过单向双车道等狭窄的城郊道路，其间涉及行人横穿马路、交通信号灯、人工凸起路面、行人区、急转弯等，实现全程无人工干预[16]5-6。

2014 年，宝马集团推出了自主研发的无人驾驶技术，该技术可以帮助驾驶人找到便捷通畅的行驶路线[16]6。

2016 年 1 月，全球首辆自动驾驶载货汽车在荷兰上路。同年 7 月，奔驰公司的自动驾驶载货汽车在荷兰上路开展测试，行驶了约 20 公里。

2017 年 2 月，日产在伦敦对其自动驾驶电动汽车 Leaf 进行公共道路测试。同年 9 月，奥迪发布全球首款 L3 级自动驾驶量产车奥迪 A8。同月，法国自动驾驶技术和出行公司 Vavya 与交通出行公司 Keolis 合作，在伦敦东部的伊丽莎白女王奥林匹克公园周边进行自动驾驶巴士载客测试。

2018 年 3 月，英国 RDM 集团旗下的自动驾驶汽车部门 Aurrigo 研发的新款自动驾驶接驳车，在英国剑桥投入运营。同年 5 月，挪威斯塔万格运输提供商获得无人驾驶小巴的运营权，同年 6 月到 12 月，在 Forus 地区免费提供服务。服务规定车上必须有一名工作人员可以使用制动装置，并且允许 6 名乘客乘坐，最高速度为 7.5 英里每小时（约 12 公里每小时）。挪威奥斯陆的公共交通服务提供商 Ruter，于 2018 年 10 月宣布与丹麦 Autonomous Mobility 公司开展自动驾驶运营测试，计划在其公交运营中逐步投入 50 辆自动驾驶小型客车。同年 6 月，汽车零部件公司采埃孚推出了一款搭载采埃孚自动驾驶系统的巴士。同年 9 月，瑞典汽车制造商沃尔沃开始了自动驾驶真实环境模拟测试。瑞典自动驾驶汽车初创公司 Einride 和德国辛克物流公司 DB Schenker 宣布，两家公司获得监管部门的批准，允许一辆全电动、自动驾驶载货汽车"T-pod"在公共道路上运送货物。这是全球第一辆获准在公路上进行商业化运营的全电动、自动驾驶载货汽车。同年 11 月，宝马在洛杉矶车展上面向全球首发了一款全面互联、提供高度自动驾驶功能的纯电动概念车 Vision iNEXT。

2019年3月，宝马集团在德国成立高性能数据驱动开发平台，标志着宝马集团在实现高度自动驾驶及完全自动驾驶进程中取得了重要里程碑，确保了在2021年量产的BMW iNEXT上提供的L3级自动驾驶功能的安全性和可靠性。同年9月，世界首条位于市中心的自动驾驶实测路段在德国首都柏林推出。该路段位于柏林市中心勃兰登堡门和埃昂斯特-罗伊特广场之间，全长3.6公里，为双向三车道，有两个环形交叉路口和15个交通信号灯，日通行车辆可达6万辆。该街道路况复杂，行人和骑行者较多，在马路两边及中间还设有停车位。为应对复杂的交通状况，德国交通部门与项目组自2019年6月起在路段沿线安装了100余个传感器。这些传感器全方位收集道路实时交通状况信息，每天能提供约50TB的数据。所有信息被实时发送到云端，在云端通过人工智能进行整合，对路况作出预判，再将信息返回车内。在该系统的配合下，无人驾驶汽车能在距离400米时就对前方路边停车位上准备驶离的车辆作出反应。

2020年6月，自动驾驶系统领先开发商Navya公司宣布在法国推出L4级完全自动驾驶接驳车服务，即车上不再配备安全驾驶人。同年7月，英特尔自动驾驶部门Mobileye宣布德国认证机构TV Süd允许其在德国公共道路上进行自动驾驶测试，包括城市、农村地区以及每小时限速130公里的高速公路上。同年10月，由英国政府智能交通基金支持的自动驾驶项目首次在牛津郡进行现场公路公共试验，从该月到2021年秋季，派遣一支由6辆L4级蒙迪欧自动驾驶汽车组成的车队，在牛津地区进行9英里（约14.5公里）的往返测试。

2021年3月，大众将利用Argo AI公司开发的技术，在德国进行自动驾驶车辆的实地测试，为后续推出自动驾驶打车和拼车服务做准备。同年5月，由大剑桥伙伴关系（Greater Cambridge Partnership）、智慧剑桥（Smart Cambridge）以及自动驾驶汽车开发公司Aurrigo共同研发的自动驾驶接驳车正式在剑桥大学西校区进行路测。

2022年11月，博世和梅赛德斯-奔驰宣布，经德国联邦机动车管理局批准，双方共同研发的高度自动化泊车系统被允许在斯图加特机场P6停车场运行。同年12月，瑞士初创公司LOXO推出一款无人配送车，并投入商用。

2023年2月，无人驾驶解决方案提供商Plus与依维柯集团在德国开始进行自动驾驶载货汽车的公开道路测试。同月，德国企业Vay开始在德国公共道路上运行远程无人驾驶汽车。同年6月，瑞典自动驾驶载货汽车企业Einride与挪威邮政服务机构PostNord合作，投入使用多辆自动驾驶载货汽车。

3. 日本

除了美国和欧洲国家外，日本也逐步加快了自动驾驶研发和市场化的步伐。

2018年1月，在2018消费类电子产品展览会（CES）上，丰田推出了可用于客运服务的e-Palette自动驾驶概念车。同年2月，日产联合日本网络服务公司DeNA开发出无人驾驶出租汽车服务Easy Ride。同年5月，日产推出升级版的驾驶辅助系统ProPILOT 2.0，应用该系统后，驾驶人在高速公路上驾驶车辆时可以不用控制转向盘。同年8月，日本ZMP公司和大型出租汽车企业日之丸交通在东京都内进行了可供普通乘客乘坐的无人驾驶出租汽车试运行。同年12月，UD Trucks在埼玉县上尾市的总部进行了首次L4级自动驾驶货车演示，模拟自动驾驶货车在码头、工厂、仓库等特定场景下的试行。

2019年2月，日本爱知县政府进行了5G移动通信技术下的无人驾驶车辆公路测试。同年3月，在丰田、本田、日产等车企支持下，日本地图平台开发商Dynamic Map Platform开发的高精地图已经覆盖日本所有的高速公路。同年7月，本田宣布将在2020年东京奥运会期间，在选手村投入运营几十辆e-Palette自动驾驶汽车。同年8月，日产宣布其自动驾驶新款汽车Skyline将于9月开始销售。该款汽车可以实现从高速公路上匝道到出匝道的全自动驾驶，这标志着日本开启了自动驾驶时代。同年9月，日本政府自动驾驶项目负责人宣布将在2020年东京奥运会开幕前的7天内投入运营100辆自动驾驶客运车辆。

2020年12月，日本产业技术综合研究所在茨城县日立市开展的中型客车自动驾驶实证试验中发生了冲撞事故，但并未造成人员伤亡。

2021年2月，日本全日空航空公司ANA联合软银旗下BOLDLY公司、Advanced Mobility株式会社以及比亚迪日本分社，在羽田机场部分区域开展了L3级自动驾驶巴士的测试工作。同年3月，高速公路客运龙头企业Willer在东京池袋地区进行自动驾驶客车道路测试。同月，在日本新东名高速公路的部分区段上成功进行了自动驾驶载货汽车编队行驶测试。同年8月18日，爱知县进行了为期两个月的自动驾驶巴士运营试验活动。

2022年4月，大阪地铁运营商Osaka Metro在大阪进行了多辆自动驾驶巴士和无人配送车的道路应用测试。同年12月，北海道上士幌町开通了定期运行的自动驾驶巴士。

2023年5月，福井县率先开通L4级自动驾驶车辆公交营运。同年11月，岐阜市在市中心运营自动驾驶巴士，为市民提供出行服务。

二、国内发展现状

国内自动驾驶研究的起步稍晚于国外。20世纪90年代初期,由南京理工大学、国防科技大学、清华大学、浙江大学和北京理工大学等高校联合研制成功了我国第一辆自动驾驶汽车ATB-1[16][7]。20世纪90年代中后期,研制成功了第二代自动驾驶汽车ATB-2[16][7]。进入21世纪后,清华大学在国防科学技术委员会和国家"863"计划的支持下,开始研发THMR系列自动驾驶汽车[16][8]。2009年,国家自然科学基金委员会举办中国智能车未来挑战赛。该比赛不但推动了智能车技术的发展,而且促进了我国在智能车领域的持续投入和产业生态的逐步改善[9][3]。

2011年7月,一汽集团与国防科技大学共同研制的红旗HQ3无人驾驶汽车完成了从长沙到武汉的高速公路无人驾驶试验[16][7]。

2012年11月,中国人民解放军陆军军事交通学院改装的"猛狮三号"自动驾驶汽车完成了从北京台湖收费站到天津东丽收费站共114公里的无人驾驶试验[16][7]。

2013年,百度启动无人驾驶车研发项目,由百度研究院主导,其技术核心是"百度汽车大脑",包括高精度地图、定位、感知、智能决策与控制四大模块。

2015年8月,宇通自动驾驶客车在郑州市郑开大道完成了开放环境下的无人驾驶试验[16][7]。同年12月,百度完成北京开放高速公路的自动驾驶测试[16][7]。同月,阿里巴巴旗下的菜鸟网络科技有限公司成立ET物流实验室,启动包括无人配送车、无人机在内的自动化物流研究[20]。

2016年3月,京东X事业部正式启动无人配送车产品线的建设[21]。同年4月,长安汽车完成了从重庆到北京2000公里的自动驾驶道路测试[17][6]。同年6月,上海"国家智能网联汽车试点示范区"封闭测试区正式开放,标志着国家从战略高度上支持自动驾驶发展[16][7]。同年9月,百度无人车获得了美国加州颁发的自动驾驶道路测试牌照。同月,京东集团对外宣布,其自主研发的无人配送车已进入道路测试阶段,将于同年10月开始试运营[22]。同年12月,百度无人车在国内首次实现了城市、环路和高速公路混合路况下的全自动驾驶测试[16][7]。

2017年4月,百度发布Apollo,为自动驾驶相关领域提供了一个开放、完整、完全的软件平台[9][3]。同年6月,京东首批试点运营的无人配送车在中国人民大学进行快递投递。同年9月,厦门金龙完成Apollo在客车上的应用,实现了循迹自动驾驶功能[17]6。同年10月,阿里巴巴成立达摩院,在其中设立自动驾驶部门,积极研发自动驾驶系统[9]3。同年12月,阿尔法巴智能驾驶公交车首次在公共道路——深圳福田保税区进行了试运行,4辆自动驾驶公交车在全长1.2公里的线路上运行,车速10~30公里/小时,途中设三个停靠站。

2018年3月,北京发放首批自动驾驶测试试验用临时号牌。菜鸟无人配送车进入测试阶段。美团无人配送车在国内多处完成了包括B端、C端以及B端到C端的完整闭环运营,在北京、河北雄安新区等多地也都进行了落地测试运营。同年4月,一汽解放L4级无人驾驶重型载货汽车下线,东风商用车发布L4级无人驾驶重型载货汽车、中国重汽L4级无人驾驶电动载货汽车在天津港口试运营,图森未来5辆无人集装箱载货汽车车队商业试运营。同年5月,苏宁无人重型载货汽车"行龙一号"在上海奉贤完成首测。宇通搭载L4级自动驾驶系统的客车实现特定场景内示范运营。同年6月,20辆京东无人配送车全场景常态化运营。同年7月,美团推出无人配送开放平台。在第二届百度AI开发者大会上,百度创始人、董事长兼CEO李彦宏宣布,全球首款L4级无人驾驶商用汽车"阿波龙"第100辆正式下线,将开展商业化运营。同年9月,西井科技发布全时无人驾驶电动重型载货汽车Q-Truck。同年10月,图森未来获得上海智能网联汽车道路测试牌照,将在上海临港地区投入测试。这是全国第一张针对自动驾驶重型载货汽车的道路测试牌照。长沙湘江新区智慧公交示范线首批车辆在望江路与学士路交会处投入开发运营。该智慧公交路线全长7.8公里,经望江路、学士路、莲坪大道、含浦大道抵达学信广场终点站,沿途停靠11个站点,双向总计22个站点。同年11月,文远知行开发自动驾驶出租车并在广州投入试运营;智行者无人驾驶物流配送车"蜗必达"正式投入量产;赢彻科技获得针对干线物流场景的自动驾驶重型载货汽车测试许可证,将在河北保定投入全面测试。同年12月,小马智行率先发布PonyPilot自动驾驶移动出行项目,随后在广州进行公开道路Robotaxi的常态化试运营,成为了国内首个提供无人出租汽车服务的公司。

2019年1月,百度正式公布自动驾驶系统商业化解决方案Apollo Enterprise,同时发布Apollo3.5,可支持复杂城市道路进行自动驾驶。同年2月,四维图新发布公告表示,与宝马汽车公司签署了自动驾驶地图及相关服务的许可协议,四维图新将为宝马2021—2024年间在中国上市的品牌汽车提供L3级及以上自动驾驶地图产品和相关服务。同年5月,宇通打造的"智慧5G智能公交"项目正式落地,L4级自动驾驶公交车开始试运行。同年6月,深兰科技获得广州发放的自动驾驶公交车路测牌照;赢彻科技携首款L3级自动驾驶样车"赢彻1号"亮相,展示了该公司在自动驾驶技术上的重大进展;千寻位置网络有限公司发布了全国首款支持低速自动驾驶车辆规模化商用的高精度定位解决方案;四维图新获得北京市自动驾驶路测T3牌照,成为目前获批的11家企业之一,可以在北京44条总计123公里的开放测试道路上进行自动驾驶测试。同年7月,华晨宝马建成全球首个5G汽车生产基地;国内首个5G自动驾驶公共服务平台暨5G自动驾驶开放道路场景示范运营基地在重庆正式启用。同年8月,百度联合中国一汽红旗生产的国内首批量产L4级自动驾驶出租汽车亮相长沙。同年9月,百度自动驾驶出租汽车车队Robotaxi试运营正式开启,首批45辆Apollo与一汽红旗联合研发的"红旗EV"Robotaxi车队在长沙部分已开放测试路段开始试运营;我国首批量产L4级自动驾驶乘用车"红旗EV"获得北京自动驾驶道路测试牌照。同年12月,图森未来L4级无人驾驶载货汽车车队在京礼高速公路(延崇北京段)顺利完成了中国首次在高速公路全封闭环境下基于C-V2X车路协同技术的编队行驶测试。

2020年以来,在资本、政策等多种因素的驱动下,国内自动驾驶持续快速发展,自动驾驶方案、算法、计算芯片、核心传感器、高精度地图等技术不断成熟,部分自动驾驶产品达到量产应用条件,场景级自动驾驶解决方案加速成熟,多种场景的试运行、示范应用、商业化运营等应用实践不断增多,部分已达到一定规模。

1. 自动驾驶出租汽车(Robotaxi)

Robotaxi是自动驾驶商业化落地的重要场景,国内百度、小马智行、文远知行等公司不断推进Robotaxi的商业化落地。其中,百度Robotaxi出行服务已覆盖十几个城市。

2020年4月,百度在长沙开启Robotaxi服务,当地居民可以打开百度地图进入打车服务或在百度App搜索"Dutaxi",完善身份信息后,通过选择推荐的上下车站点即可发单呼叫无人车。同年6月,滴滴出行在上海安装了V2X硬件系统之后,在上海郊区启动了自动驾驶网约车服务。

2020年8月,百度在河北沧州开放Apollo Go自动驾驶出租汽车服务,居民通过百度地图可实现一键呼叫,体验免费搭乘。同年10月,北京居民通过百度地图及Apollo Go App可以一键呼叫免费搭乘百度自动驾驶出租汽车Apollo Go,北京此次开放的Robotaxi测试区域总长度约700公里,覆盖北京亦庄、海淀、顺义的生活圈和商业圈等数十个站点。

2021年7月,小马智行宣布在上海开启Robotaxi服务,覆盖嘉定区主要城区路段;百度Apollo Robotaxi在广州面向公众全面开放;元戎启行在深圳正式为公众提供RoboTaxi载人应用示范服务。同年11月25日，北京市高级别自动驾驶示范区工作办公室宣布，中国首个自动驾驶出行服务商业化试点在北京正式启用，这标志着国内自动驾驶领域从测试示范迈入商业化试点的新阶段。百度和小马智行获得首批"自动驾驶出行服务商业化试点许可"，获准向公众提供商业化自动驾驶出行服务。

2022年4月，小马智行宣布中标广州市南沙区2022年出租汽车运力指标，获得自动驾驶出租汽车运营许可，被允许使用符合广州市智能网联汽车示范运营安全技术要求的自动驾驶车辆提供出租汽车运营服务。同月，文远知行宣布为海南博鳌东屿岛车联网项目提供自动驾驶出租汽车服务，项目将在博鳌亚洲论坛年会期间集中展示，融合了L4级自动驾驶、C-V2X和5G等技术，在机场、景区、园区等设置站点，覆盖从博鳌机场至东屿岛之间17公里长度的开放路段。

2022年6月，百度Apollo自动驾驶车辆在重庆永川新城"西部自动驾驶开放测试和示范运营基地"正式投用，乘客可在指定站点乘坐Apollo自动驾驶车辆。同月，小马智行在深圳前海开通自动驾驶出行服务，乘客可免费乘坐自动驾驶车辆，此前，该公司取得了深圳智能网联汽车示范应用通知书，获准开展自动驾驶载人示范应用。

2022年8月，百度Apollo自动驾驶车辆在重庆、武汉开展自动驾驶全无人商业化运营，允许其在车内无安全员的情况下在社会道路上开展商业化运营。

2022年9月，轻舟智航宣布和T3出行在苏州联合启动自动驾驶出行服务示范运营。同月，中国无人驾驶品牌AutoX（安途）宣布在上海普通金桥自动驾驶开放道路上推出Robotaxi服务，并公开运营。

2022年11月，日产中国宣布2023年在苏州高新区开启为期6个月的Robotaxi示范运营。

2022年12月，上汽人工智能实验室（AI Lab）与上汽移动出行战略品牌享道出行联合宣布，搭载了AI Lab自研高级别自动驾驶系统的Robotaxi在上海临港新区正式投入运营。同月，该车型也在深圳前海投入试运营。

2023年1月，武汉与百度签署合作协议，宣布在智能网联汽车领域展开全面战略合作。同年2月，百度旗下自动驾驶出行平台萝卜快跑宣布，其在武汉的全无人车队车辆数已突破100辆，可运营道路超过750公里，覆盖武汉530平方公里区域，能同时为150人提供全无人自动驾驶出行服务。

2023年3月，百度萝卜快跑和小马智行获得了北京市高级别自动驾驶示范区首批"无人化车外远程阶段"示范应用许可，允许在北京市提供全无人自动驾驶出行服务。

2023年4月，上海市首批智能网联出租汽车示范运营正式启动，相关部门为百度智行、裹动科技、赛可智能等企业颁发智能网联出租汽车示范运营证、示范运营通知书和车辆示范运营证。

2023年5月，AutoX宣布启用大型Robotaxi运营中心，首批10座大型运营中心分别位于北京、上海、广州等，专为大规模Robotaxi车队的专业级运维调度而建。

2023年6月，百度萝卜快跑获得深圳市坪山区颁发的首批智能网联汽车无人商业化试点通知书，被允许在该地区开展L4级无人驾驶商业化运营测试，用户可通过萝卜快跑、百度地图、百度App或小程序等平台呼叫无人驾驶车辆。

2023年11月，搭载小马智行第六代自动驾驶软硬件系统的丰田赛那Autono-Maas（S-AM）获得广州市远程载客测试许可，获准在广州南沙区提供远程载客的自动驾驶测试出行服务，运营范围覆盖803平方公里，运行时段覆盖早高峰等繁忙时段。市民可通过小马智行的移动出行App"PonyPilot+"体验这一出行方式。同月，文远知行自动驾驶出租汽车顺利完成为期一个半月的向公众开放的测试运营，并将继续在鄂尔多斯市康巴什区街头行驶。

2023年12月，小马智行入选广州市南沙区智能网联汽车（自动驾驶）无人商业化混行试点企业，被允许在该地区开展无人商业化混行试点服务。小马智行的"无人驾驶"车辆收费站点将覆盖广州南沙区的主要区域，运营时段为早上8:00至晚上10:30，收费标准与广州市出租汽车收费标准一致。小马智行已于2022年获得该市出租汽车经营许可，并在广州南沙区开始收费运营，此前收费车辆为车内有安全员的自动驾驶车辆。

2. 自动驾驶公交车（Robobus）

自动驾驶公交车是自动驾驶商业化落地的理想场景，近年来国内该场景应用实践也不断增多。

2020年6月，首批12辆宇通自动驾驶公交车在河南省郑州市郑东新区试运行。运行线路全长17.4公里，是国内首个实现自动驾驶商业应用验证的智能公交线路。同年10月，由中国移动与无人驾驶公司轻舟智航部署的全国首个常态化运营的5G无人公交在苏州高铁新城上线运营，并启动"苏州无人公交早鸟计划"，招募第一批有日常通勤需求的市民，免费搭乘无人公交，以解决日常通勤"最后三公里"难题；深圳市坪山区推出全市首条智能网联汽车应用示范线路——深兰科技-深智联自动驾驶巴士示范线路，首辆智能网联无人驾驶巴士——"熊猫公交"正式上路，市民朋友们在发车点通过"熊猫智行"小程序可免费预约搭乘。

2021年初，湖北省在武汉经济技术开发区启动自动驾驶领航项目，拟投入200辆自动驾驶出租汽车，建立自动驾驶示范运营车队和自动驾驶运营示范区。同年4月，全国首个可载人收费的自动驾驶公交车示范运营项目在重庆永川启动，由百度公司、金龙客车共同打造的3辆红色L4级自动驾驶中巴车正式驶上街头，投入载人运营；作为海南省首个面向开放道路的自动驾驶公交车，海口市江东新区自动驾驶公交成功试运行，车辆从白驹大道B21站台出发，行驶约9分钟后到达大昌路口北，全程约5.7公里。同年6月，宇通最新一代无人驾驶巴士——小宇2.0正式进入长沙机场机坪内部进行测试。这也是全国首个无人驾驶巴士进入机坪内部进行载人测试。同年9月，在厦门公交BRT"车路协同"智联网系统一期项目完成的基础上，无人驾驶的"厦门约巴"在软件园三期开始试运行测试，"厦门约巴"公交车将在软件园三期内采用"固定线路+灵活线路"的模式运营。

2022年4月，广州市首批自动驾驶便民线路正式开放载客测试，包括黄浦区生物岛地铁官洲站环线、广州塔西站环线，共投入5台L4级自动驾驶巴士，居民可通过微信小程序免费购票，预约体验。同月，文远知行宣布为海南博鳌东屿岛车联网项目提供自动驾驶小巴服务。

2022年9月，3辆金龙L3级自动驾驶客车交付上海临港新片区公共交通有限公司并投入使用，成为临港环湖一路智能网联及自动驾驶公交示范应用项目的重要组成部分。

2023年2月，安徽首条公开道路常态化运营的自动驾驶公交车体验线路在合肥包河经济开发区投入运营，双向里程15公里，共6个站点，居民可通过小程序预约乘坐。

2023年3月，北京市高级别自动驾驶示范区开通首条自动驾驶小巴专线，为相关学校的通勤人员提供接驳服务，由轻舟智航负责运营。

2023年6月，东风悦享科技的自动驾驶巴士获得武汉市智能网联示范应用资质，此后在该市多地开展运营活动。同月，浙江绍兴棒球未来社区自动驾驶亚运公交专线正式开通，线路全长5.7公里，接驳绍兴地铁1号线。

2023年7月，文远知行无人驾驶小巴在大连高新区投入运营，共投放6辆无人驾驶小巴，分阶段开通4条无人驾驶示范应用线路。

2023年11月，经海南省工业和信息化厅批准，厦门金龙联合汽车工业有限公司的自动驾驶公交车Robobus取得了海南省智能网联车道路测试和示范应用牌照，自动驾驶公交Robobus正式落地三亚开始运营。

2023年12月，文远知行与广州巴士集团合作正式开放自动驾驶小巴商业收费运营服务，双方于12月21日联合获得广州市黄埔区智能网联汽车示范应用资格，获准开展自动驾驶微循环客车商业化收费运营，这是全国首个前装量产Robobus商业化运营牌照。同月，文远知行Robobus也在青岛胶东临空经济示范区开启试运行，运行路线为"美食城—机场"路线，全长约8公里。此前，青岛市智能网联汽车道路测试与示范应用联席工作小组正式复函，同意胶州市申建智能网联汽车道路测试与示范应用先行示范区，物理实施范围东至桃源河、青岛机场高速公路、上合大道，西至沈海高速公路，北至青银高速公路，南至东西大道、湘江路、韶海路，为"自动驾驶小巴"的快速接入打下良好基础。

2024年3月，北京试点开通三大文化建筑周边自动驾驶接驳服务，乘客可免费试乘无人驾驶小巴，往返于城市绿心森林公园、郝家府地铁站和三大文化建筑。同月，北京亦庄与大兴国际机场实现自动驾驶接驳，这标志着世界首个首都城市机场自动驾驶接驳载人示范场景正式开放。

3. 自动驾驶货运

自动驾驶货运，特别是干线物流，也是自动驾驶商业化落地的重要场景，赢彻科技、元戎启行等公司也在不断推进该场景的商业化落地。

2020年1月，我国发放第一张自动驾驶载货汽车公共道路测试牌照，图森未来自动驾驶载货汽车将在上海市临港新片区开展测试，研发人员将对自动驾驶载货汽车的紧急制动、障碍物识别及避让、传感器、融合激光雷达等26项关键技术进行检测。同年12月，小马智行获得由广州市颁发的首张自动驾驶载货汽车测试牌照，获准开展公开道路测试。

2021年5月，由主线科技与科技运力平台福佑载货汽车成立的运营合资公司正式启动中国首个干线物流自动驾驶商业项目，目前已有10台自动驾驶载货汽车在京沪干线沿线进行测试运营。同年7月，主线科技携手合作伙伴获北京智能网联汽车政策先行区首批商用车自动驾驶路测牌照，标志着主线科技自动驾驶载货汽车将率先突破场景边界，进入更开放、更高阶、更贴近实际运营场景的真实道路测试阶段。

2022年3月，自动驾驶载货汽车研发公司赢彻科技宣布，在去年12月23日完成一段全长24公里的封闭高速测试，全程无人驾驶，无远程干预。车辆在全程无人干预状态下，完成了自动跟车行驶、自动变道、施工车辆及锥桶识别和避让、车道内自动避让、自动跟停以及驶入收费站等典型场景。

2022年4月，东风柳汽乘龙H5电动物流车（自动驾驶重型载货汽车）获得柳州市智能网联汽车道路测试与示范应用管理联席小组的许可，被允许开展道路测试。

2022年6月，小马智行自动驾驶载货汽车获广州市混行示范运营车型目录认定并取得示范运营资格。同月，元戎启行宣布与德邦快递达成合作协议，该公司的L4级自动驾驶轻型载货汽车将为后者提供为期一年的常态化货运中转服务；赢彻科技和阿里巴巴分别宣布，获得浙江德清颁发的L4级"主驾无人"自动驾驶载货汽车公开道路测试牌照。

2022年7月，上汽集团旗下友道智途重型载货汽车在上海东海大桥自动驾驶测试专用道开展自动驾驶运营测试。

2022年11月，友道智途自动驾驶重型载货汽车获得上海首张智能网联汽车示范运营牌照。

2023年5月，福佑载货汽车与千挂科技联合宣布达成战略合作，将千挂科技的智能载货汽车接入福佑载货汽车自动驾驶货运网络，为平台客户提供干线智能驾驶运力服务，目前已正式投入商业化运营。

2023年6月，自动驾驶科技公司图森未来宣布成功完成中国首次自动驾驶重型载货汽车在公开道路的全无人化测试，全程无安全员值守和人为干预。

2023年7月，赢彻科技宣布与上海优通国际物流有限公司签署合作协议，举办双方首条自动驾驶示范线路发车仪式。

2023年9月，小马智行、主线科技宣布获得北京市智能网联汽车政策先行区智能网联重型载货汽车示范应用通知书，率先开启基于L4级别自动驾驶能力的智能载货汽车运输示范。目前，北京市已开放京台高速公路北京段（旧宫新桥至大兴机场北线高速）、大兴机场北线高速公路（京台高速公路北京段至大兴机场高速）以及大兴机场高速公路（大兴机场北线高速公路至北京大兴国际机场北侧围界），用于自动驾驶载货汽车道路测试与示范应用。

4. 无人配送车

近年来，无人配送车在国内发展迅猛，在强劲的末端配送需求、新冠疫情爆发等多种因素的推动下，商业化进程大大加快。

2020年初，美团无人配送落地北京顺义区，并计划与顺义区一起推动形成低速无人配送规模示范区，在三年内计划部署1000台自动驾驶配送车，实现全区域、全天候的运营。同年9月，阿里巴巴在云栖大会上发布第一款轮式物流机器人"小蛮驴"。同年10月，阿里巴巴在浙江大学紫金港校区建立了由22个机器人组成的阿里小蛮驴车队。同月，京东物流宣布与常熟市合作打造全球首个无人配送城。

2021年，国内无人配送车的市场投用数量快速增长，商用落地超过2000台。国内无人配送车的头部企业大体可分为阿里巴巴、京东、美团等自带物流配送体系的企业，和新石器、智行者、行深智能等以自动驾驶技术切入的科创企业。同年9月，美团无人配送车在北京公开道路已配送近10万个订单，自动驾驶里程超50万公里，初步具备无人配送规模化运营能力。同年11月，阿里巴巴、京东都对外公布了最新的无人配送车成绩单。阿里巴巴今年首次进行"小蛮驴"大军团作战，全国共有350多辆"小蛮驴"在200多个校园、社区等地忙碌。京东助力末端配送和抗疫保供，也投用了近400辆智能快递车，在全国分布超25个城市，与2020年同期相比送达单量超200%。

2022年3月，搭载L4级自动驾驶技术的白犀牛无人配送车在合肥高新区多条路段试跑，路测期结束后投入无人配送运营。同年6月，江苏盐城中通网点引入的无人车投入试运营。在新冠疫情爆发期间，上海超500辆无人配送车集结投入服务。同年11月，京东物流在全国30座城市已经投入运营超700台无人车。同年年底，美团自动配送车已在中国多地完成落地测试和规模化商业试运营，在室外全场景实现超过277万个订单的配送，自动驾驶里程占比超过98%。

2023年年初，苏州相城中通、申通分公司启用了数台无人城配车进行货物配送，每天完成货物分拣后，车辆会根据实际配送需求驶向目的地。

2023年3月，毫末智行旗下末端物流自动配送车"小魔驼2.0"获北京亦庄无人配送车车辆编码，开启在北京亦庄的常态化测试和运营。同月，中通山西阳泉也开启试点使用了无人车补充运力，共投放了3辆无人车，负责3个兔喜生活+门店的快件运输工作，最远单程5.5公里，每天往返4趟，转运快件5000多件，保证快递能第一时间运送到末端门店。

2023年4月，10余台无人配送车在阳泉市区30余个邮政快递驿站投入运行，服务范围覆盖城区、矿区和高新区，网点至末端驿站每日配送快递超万件。

2023年7月，毫末智行宣布旗下末端物流自动配送车"小魔驼2.0"配送订单量累计突破20万单，末端物流自动配送商业化进程进一步提速。

2023年11月，随着首批6辆新石器无人配送车正式入列"顺丰速运"并投入运营，常州高新区成为常州全市首个无人装备道路测试和示范运营先行先试地区。

2023年12月，兰州新区首批快递无人配送车在新区科教园区投入使用。

这些无人车主要在辅道行驶，车速约为每小时25公里，满载质量1000千克，满电续航200公里，依托自动换电技术可实现24小时不间断运营。

2023年全年，美团、毫末智行、京东等企业在顺义区投入无人配送车273辆，测试运营总里程合计超过436万公里，服务订单总量400万单，累计服务180万人次。

此外，自动驾驶客运的应用近年来也在不断推进中。2022年6月，宇通自动驾驶客车在兰州获批道路测试牌照。2023年10月，北京高级别自动驾驶工作办公室下发大型普通客车自动驾驶路测通知。

除了道路运输领域的场景外，自动驾驶在环卫、港口物流、景区观光、物品零售等场景的应用实践也在不断增多。

第二节 发 展 趋 势

一、技术发展趋势

自动驾驶在技术上正在向人工智能化、尺寸小型化、成本低廉化、动力电动化、信息互联化和高可靠性化方向发展[23]11。

环境感知技术方面，77吉赫（GHz）或79吉赫（GHz）毫米波雷达将取代24吉赫（GHz）毫米波雷达，天线尺寸更小、角分辨率更高、芯片材料将向着互补金属氧化物材料方向发展；激光雷达将向着固态激光雷达、探测距离和分辨率更高、尺寸更小、成本更低方向发展；视觉传感器将沿着深度学习的技术路线，向模块化、可扩展、全天候方向发展[23]11。

决策规划技术方面，人工智能技术将由目前所处的机器学习、深度学习阶段向着自主学习方向发展。人工智能算法芯片将会对软硬件进行深度整合，使其拥有超强的计算能力、更小的体积、更低的功耗，并且算法处理速率将会大幅提升[23]11。

车辆控制技术方面，整车电子电气架构将向着跨域集中式电子架构和车辆集中式电子架构发展，分散的控制单元将减少，取而代之的是应用先进算法的集中控制单元；车辆控制算法也由传统控制方法向基于模型预测控制、最优控制、神经网络控制和深度学习等智能控制方法转变[23]11。

技术总体上来说，自主式智能与网联式智能技术会加速融合。网联式系统能从时间和空间维度突破自主式系统对于车辆周边环境的感知能力。在时间维度，通过"V2X"通信，系统能够提前获知周边车辆的操作信息、红绿灯等交通控制系统信息、气象条件以及拥堵预测等更长期的未来状态信息。在空间维度，通过"V2X"通信，系统能够感知交叉路口盲区、弯道盲区以及车辆遮挡盲区等位置的环境信息，从而帮助自动驾驶系统更全面地掌握周边交通态势。网联式智能技术与自主式智能技术相辅相成，互为补充，正在加速融合发展[23]11。

在各个国家和地区以企业、科研机构等多种力量的共同推动下，自动驾驶的软硬件性能、车载计算平台的算力持续提高[24]。

二、产业发展趋势

自动驾驶是全球汽车产业转型升级的方向早已成为共识。许多互联网公司、初创公司、传统车企等正在积极推动自动驾驶及相关产业的发展。

自动驾驶的巨大发展潜力吸引了包括原有汽车主机厂、供应商在内的各种力量的加入。自动驾驶行业的不同参与者各具优势，从而也形成了自动驾驶的多种发展模式。主机厂采取多种不同进入模式，强势主机厂依靠具有自动驾驶技术的传统一级供应商，投资芯片与算法创业公司，通过内部创新循序渐进发展自动驾驶，或者采取上述几种方案的组合；造车新势力将自动驾驶看作核心竞争力的重要组成部分，往往自研芯片、算法；国内小型主机厂多采取与成熟自动驾驶方案供应商合作的模式；还有一些主机厂与自动驾驶解决方案领先企业以合资或战略合作方式孵化独立自动驾驶整车品牌[24]。

作为最具颠覆性的变革力量，自动驾驶将释放指数级的增长空间。早在2014年至2018年，据美国布鲁金斯学会（Brookings Institution）统计显示，全球无人驾驶领域投资就已超过1000亿美金。

2016年，谷歌、百度、苹果、通用汽车等行业巨头都在积极布局无人驾驶汽车领域，加速研发相关技术，全球无人驾驶汽车市场规模约达40亿美元，国内自动驾驶市场规模为83.25亿元。

2019年，全球无人驾驶汽车市场规模约达98.5亿美元，国内自动驾驶市场规模为170.54亿元。

2021年，全球智能汽车市场规模达617亿美元❶，国内智能汽车市场规模为965亿元。

2022年，我国在售新车L1级渗透率达24%，L2级和L3级的渗透率分别为35%和9%，L4级渗透率为2%。工业和信息化部数据显示，2022年，我国

---

❶ 此处的智能汽车含无人驾驶汽车。

搭载辅助自动驾驶系统的智能网联乘用车新车销售量达700万辆，同比增长45.6%，市场占比提升至34.9%。2023年上半年，具备组合驾驶辅助功能的乘用车新车销量占比达42.4%，比去年同期增长近10个百分点。根据国家发展改革委数据，预计到2025年，我国智能汽车数量有望达到2800万辆，渗透率达82%，发展前景极为广阔。

三、应用发展趋势

自动驾驶已成为当前全球交通出行和物流运输领域智能化和网联化发展的主要方向。它的独特优势决定了其在未来的交通运输中将发挥重要的作用。在技术研发的支撑和各国政策和立法的支持下，自动驾驶的发展阶段正在快速从道路测试阶段转向商业化运营阶段，各领域的应用场景呈现多样化趋势，低速自动驾驶的应用正在形成规模化，实现商业化落地也正在成为产业发展竞争的关键。

近年来，自动驾驶企业兼顾算法优化和量产落地，在技术研发的同时，通过技术应用降维实现规模化量产，打通商业化落地路径，构建数据闭环，推动自动驾驶加速落地[24]。

德国、日本、韩国、新加坡等国家和地区已正式出台能够实现自动驾驶合法落地运营的法律，为自动驾驶的商业化消除了法律障碍，创造了条件。我国也出台了支持自动驾驶示范应用以及相关试点的文件，允许自动驾驶进行商业化运营。这为自动驾驶的商业化运营提供了有力支撑，能够大大促进自动驾驶商业化的进程。

在道路交通运输领域，自动驾驶已大量应用Robotaxi，自动驾驶公交的应用也正在不断增多，自动驾驶干线物流场景的应用也在积极推进中，对于无人配送场景，国内应用已达到一定规模，国外应用正在逐步增多。此外，自动驾驶在港口、矿区、园区、景区、环卫等方面的应用也在不断增多。未来，自动驾驶有望在更多领域得到普及。

低速自动驾驶的应用正在逐步形成规模化。目前国内自动驾驶城市公交车辆已超200辆，自动驾驶出租汽车数量超过1500辆，自动驾驶货车的规模约1000辆。未来，高速自动驾驶在自动驾驶干线物流等场景的应用将会逐步增多。

第三章
自动驾驶立法需求

第一节　自动驾驶带来的法律挑战

从世界范围内看，法律制度上的滞后已成为各国推进自动驾驶汽车研发和市场化的最大障碍，我国也不例外。自动驾驶的发展和应用，一方面与现行法律制度存在不少冲突之处，另一方面，也面临法律制度上的诸多空白。

一、制度障碍

对于传统机动车辆的生产、销售、使用等，我国已经建立了完善的法律制度，包括道路交通运输行政管理法律制度、特种车辆行政管理法律制度、机动车辆侵权责任制度等。但是，其中不少法律制度无法直接适用于自动驾驶车辆，给自动驾驶汽车的研发和应用带来了一些障碍。这些障碍主要体现在以下几个方面。

1. 市场准入

以相关技术标准为基础，我国建立了机动车辆市场准入制度。因涉及公共安全，自动驾驶汽车需要符合专门适合其功能和运行特点的产品技术标准，方可进行生产和销售。《中华人民共和国产品质量法》第十三条规定："可能危及人体健康和人身、财产安全的工业产品，必须符合保障人体健康和人身、财产安全的国家标准、行业标准；未制定国家标准、行业标准的，必须符合保障人体健康和人身、财产安全的要求。"《中华人民共和国认证认可条例》第二十七条规定："为了保护国家安全、防止欺诈行为、保护人体健康或者安全、保护动植物生命或者健康、保护环境，国家规定相关产品必须经过认证的，应当经过认证并标注认证标志后，方可出厂、销售、进口或者在其他经营活动中使用。"根据国家发布的《强制性产品认证目录》，汽车及安全附件属于强制性产品认证的范围。根据《中华人民共和国认证认可条例》第二十九条的规定，"列入目录的产品，必须经国务院认证认可监督管理部门指定的认证机构进行认证。" 2004年6月，国务院发布《对确需保留的行政审批项目设定行政许可的决定》，明确道路机动车辆、场（厂）内专用机动车辆的生产和销售应当经过许可❶。根据《道路机动车辆生产企业及产品准入管理办法》第六条的规定，申请道路机动车辆产品准入的，应当具备下列条件：（1）取得道路机动车辆生产企业准入；（2）生产的道路机动车辆产品能够满足安全、环保、节能、防盗等技术标准以及工业和信息化部制定发布的安全技术条件；（3）法律、行政法规、规章规定的其他条件。除道路机动车辆外，对于场（厂）内专用机动车辆，也建立了类似的市场准入制度❷。根据《中华人民共和国特种设备安全法》的规定，国家按照分类监督管理的原则对特种设备生产实行许可制度；特种设备生产单位应当保证特种设备生产符合安全技术规范及相关标准的要求，对其生产的特种设备的安全性能负责。根据《国务院对确需保留的行政审批项目设定行政许可的决定》，对于场（厂）内机动车辆的制造、安装、改造、维修、使用和检验，都需要进行许可。

目前，自动驾驶汽车方面的专门技术标准绝大多数仍在研发编制中，尚无可应用于认证或许可使用的成套成熟标准。与此同时，现行有关机动车辆市场准入的规定是针对传统机动车辆的，直接适用于自动驾驶汽车也存在一些问题。因而，自动驾驶汽车在市场准入上存在比较大的障碍。

2. 测绘管理

自动驾驶汽车在行驶过程中，需要通过传感器搜集周边环境信息和车辆位置信息，创建实时的3D车辆周边环境感知地图，将其与存储的高精地图对比，判断自身的精确位置和方向[23, 25]157-160。其中，高精地图的使用与3D车辆周边环境感知地图创建等活动都需要符合国家有关测绘管理的法律法规。由于保障国家安全的需要，我国对地图出版及测绘行为实行严格管制，给自动

---

❶ 道路机动车辆，是指由动力装置驱动或牵引，上道路行驶的供人员乘用或用于运送物品以及进行工程专项作业的轮式车辆，不包括汽车列车、无轨电车、有轨电车、轮式专用机械车、拖拉机及拖拉机运输机组，而场（厂）内专用机动车辆，是指除道路交通、农用车辆以外仅在工厂厂区、旅游景区、游乐场所等特定区域使用的专用机动车辆。

❷ 对于场（厂）内机动车辆的制造、安装、改造、维修、使用和检验，《对确需保留的行政审批项目设定行政许可的决定》也规定需要进行许可。

驾驶的研发和应用带来了较大障碍。

根据《关于加强自动驾驶地图生产测试与应用管理的通知》中的有关规定，高精度地图属于一种新的导航电子地图种类，必须由具有导航电子地图制作测绘资质的单位承担其数据采集、编辑加工和生产制作。我国对导航电子地图资质管理严格，除了图商外，获得该资质较难，这给自动驾驶发展带来了较大影响。

根据《关于导航电子地图管理有关规定的通知》，在使用高精度地图过程中，运用空间定位仪器采集空间地理信息（如坐标、高程、地物属性），以及通过获取的地理信息对高精度地图相关内容进行检测、校核、更改等，属于测绘活动，相关企业必须取得导航电子地图资质。这意味着自动驾驶汽车企业必须取得导航电子地图资质，给自动驾驶发展带来了阻碍。此外，根据《地图管理条例》和《关于导航电子地图管理有关规定的通知》，我国实行地图审核机制，这种审图机制等也给自动驾驶发展带来了障碍。

在地图内容表示方面，根据《公开地图内容表示补充规定（试行）》《遥感影像公开使用管理规定（试行）》的有关规定，公开地图精度不得高于50米，影像地面分辨率不得优于0.5米，重要桥梁的限高、限宽、净空、载重量和坡度属性等内容都属于敏感信息，高精度地图在公开出版前，必须过滤并删除上述内容。前述敏感信息是自动驾驶汽车计算加速度控制加速踏板、制动踏板，以及转向控制等的重要参考，删除后会影响部分自动驾驶功能的使用[26]。

3. 交通管理

在我国，对机动车辆的交通管理主要涉及车辆管理、驾驶人管理、通行管理、交通安全违法行为处罚、交通事故处理等内容，与这些相对应的法律制度是针对人工驾驶的机动车辆而建立的，许多与自动驾驶汽车无法兼容。

车辆管理方面，机动车辆的上路行驶一般都需要经过车辆登记，而按照《中华人民共和国道路交通安全法》第十条的规定，准予登记的机动车辆应当符合机动车国家安全技术标准。由于缺少相关标准，无法对自动驾驶汽车进行正式登记。目前，机动车国家安全技术标准主要是《机动车运行安全技术条件》（GB 7258—2017），该标准只有部分可适用于自动驾驶汽车。不能办理登记的自动驾驶汽车上道路行驶就成为一个难题。

驾驶人管理方面，对于传统汽车，驾驶人负责驾驶，车辆驾驶具有较强的技术性，现行法律建立了驾驶许可等法律制度，但对于自动驾驶汽车，驾驶人角色发生了较大变化，这种制度并不完全适合。驾驶许可等法律制度是基于传统汽车的特点而创设的。对于传统汽车，驾驶人的感官、手足、注意力以及熟练的操作技能是安全行驶的四要素，驾驶人需要通过手足的协调与配合，以高度集中的注意力，对车辆进行熟练地操控，方能安全驾驶[27]。该制度要求汽车只能由取得机动车驾驶证的人驾驶，且对驾驶人身体条件作出严格规定，如无红绿色盲、躯干和颈部无运动功能障碍等[26]。在驾驶行为方面，禁止驾驶人在开车途中接打手持电话、双手离开转向盘、酒后驾驶、疲劳驾驶等行为[26]。由于自动驾驶汽车的本质就是将驾驶人从驾驶任务中解放出来，无人驾驶技术可以通过人工智能、激光雷达、红外探测、全球定位系统之间的相互协作，使驾驶人无须进行人工操作，车辆在行驶期间，感官、手足、注意力等均非无人驾驶汽车行驶的必备要素，驾驶人更无须熟稔的驾驶技能，在自动驾驶的情形下，驾驶人可以随意拨打电话、看书、读报甚至是睡觉，且不影响汽车的行驶安全，与传统汽车的行驶要求大相径庭，上述关于驾驶人、驾驶行为的规定，给无人驾驶汽车的应用带来了较大阻力[27]。此外，不同类型的自动驾驶汽车需要人员介入的情况不同，法律对参与自动驾驶的人员资格或要求也需要差异化对待。对于具有L3级以下自动驾驶功能的车辆，驾驶人的驾驶资格与传统车辆基本相同。对于具有L4级自动驾驶功能的车辆，参与车辆驾驶的人员与传统车辆的驾驶人存在较大差异，需要建立专门的资格许可制度。对于具有L4级以上自动驾驶功能的车辆，在特定情形下可能还需要远程操作人员的介入，因而，也需要建立适用于远程操作人员的资格许可制度。

交通事故归责方面，通过《中华人民共和国道路交通安全法》《中华人民共和国民法典》《中华人民共和国产品质量法》等法律法规建立的交通事故归责制度在适用于具有高级别自动驾驶功能的车辆上存在困难。对于非因车辆质量、道路状况等交通参与者以外的因素造成的交通事故，适用包括"过错责任"与"无过错责任"在内的二元归责制度[28]。机动车之间发生的交通事故，适用过错责任原则，机动车与非机动车、行人之间发生的交通事故，适用无过错责任原则。过错责任原则在适用于启用自动驾驶系统的车辆上存在较大困难，因为按照传统过错的认定标准，通常是按照主观标准考虑行为人是否具有主观的故意或过失，又或者是按照客观标准衡量行为人的行为是否违反相关注意义务[29]。对于因车辆本身存在质量缺陷而发生的交通事故，适用产品责任制度❶。无论设计缺陷的认定，还是制造缺陷的认定，在适用于自

---

❶ 《最高人民法院关于审理道路交通事故损害赔偿案件适用法律若干问题的解释》（2020年修正）第九条规定："机动车存在产品缺陷导致交通事故造成损害，当事人请求生产者或者销售者依照《中华人民共和国民法典》第七编第四章的规定承担赔偿责任的，人民法院应予支持。"

动驾驶汽车上都存在困难[50]。对于因道路存在质量缺陷或维护出现问题等而发生的交通事故，由道路建设单位、道路管理者承担相应赔偿责任❶。在车路协同发展技术路线下，路测设备对保障部分自动驾驶汽车的运行安全也有重要作用，在涉及路测设备问题的交通事故时，如何确定相关主体的赔偿责任也是一个难题。

在责任保险方面，现行的交通事故责任强制保险制度在适用于自动驾驶汽车上存在困难。为了应对传统机动车辆使用带来的风险，相关法律法规建立了交通事故责任强制保险制度，在制度框架和各项具体制度设计上都是主要以传统机动车辆驾驶特点为基础和依据的，如被保险人、受害人等的范围以及免责情形等。该制度在适用于自动驾驶汽车上存在困难。总体上，由于依现有规则难以确定自动驾驶汽车发生交通事故的责任主体，再加上随着自动驾驶汽车的引入，人类的驾驶过错逐步减少，现行机动车责任保险制度的存在基础虚化[31]。在具体制度上，受害人等的范围以及免责情形也不适合自动驾驶汽车的特点[32]。

4. 运输管理

运输管理主要包括客货运管理、城市公共交通管理、出租汽车管理、运输车辆技术管理、车辆维修管理等，《中华人民共和国道路运输条例》《网络预约出租汽车经营服务管理暂行办法》《城市公共汽车和电车客运管理规定》等法规、规章建立了运输管理法律制度。该制度是针对人工驾驶的客运、货运车辆建立的，自动驾驶车辆的运行不同于人工驾驶的客运、货运车辆，特别是自动驾驶货运车辆往往采用"电子牵引"模式的车队运行方式，其在经营准入、运行和服务监管、运输安全管理等方面在适用于自动驾驶汽车上都存在一些困难。

经营准入方面，《中华人民共和国道路运输条例》和《道路运输车辆技术管理规定》等建立的普通客货运输准入制度以及危险货物运输准入制度、《巡游出租汽车经营服务管理规定》和《网络预约出租汽车经营服务管理暂行办法》建立的出租汽车经营准入制度以及《城市公共汽车和电车客运管理规定》

---

❶ 根据《最高人民法院关于审理道路交通事故损害赔偿案件适用法律若干问题的解释》（2020年修正）第八条规定："未按照法律、法规、规章或者国家标准、行业标准、地方标准的强制性规定设计、施工，致使道路存在缺陷并造成交通事故，当事人请求建设单位与施工单位承担相应赔偿责任的，人民法院应予支持。"第七条规定："因道路管理维护缺陷导致机动车发生交通事故造成损害，当事人请求道路管理者承担相应赔偿责任的，人民法院应予支持。但道路管理者能够证明已经依照法律、法规、规章的规定，或者按照国家标准、行业标准、地方标准的要求尽到安全防护、警示等管理维护义务的除外。"

建立的城市公共汽车和电车客运准入制度在适用于自动驾驶汽车上都存在困难。《中华人民共和国道路运输条例》第八条、第二十一条和二十三条分别规定了普通客货运输以及危险货物运输准入的条件，其中有关驾驶人员的规定不适合L4级以上自动驾驶车辆。根据该条例第二十九条第二款的规定，客运经营者、货运经营者应当使用符合国家规定标准的车辆从事道路运输经营（具体由《道路运输车辆技术管理规定》第七条规定），这也无法适用于自动驾驶车辆。《巡游出租汽车经营服务管理规定》第八条规定的巡游出租汽车经营准入条件中有关车辆和驾驶员的部分以及《网络预约出租汽车经营服务管理暂行办法》第十二条和第十四条有关从事车辆和驾驶员准入条件在适用于自动驾驶车辆上存在困难。《城市公共汽车和电车客运管理规定》第十五条有关城市公共汽电车线路运营权申请条件的部分规定以及第二十四条、第二十七条的规定在适用于自动驾驶车辆上存在困难。

运行和服务监管方面，《中华人民共和国道路运输条例》第三十条、第三十三条以及《道路运输车辆技术管理规定》第十六条有关普通客货运运行监管的规定，《巡游出租汽车经营服务管理规定》第二十三条、第二十四条、第二十六条、第三十三条、第三十六条等有关巡游出租汽车运行监管的规定，《网络预约出租汽车经营服务管理暂行办法》第十八条、第二十五条等有关网约车经营监管的规定，《城市公共汽车和电车客运管理规定》第二十八条、第二十九条、第四十一条等有关城市公共汽车和电车客运运行监管的规定在适用于自动驾驶车辆上存在困难。

运输安全管理方面，《巡游出租汽车经营服务管理规定》第二十五条以及《城市公共汽车和电车客运管理规定》第四十五条、第五十三条等有关运输安全管理的规定在适用于自动驾驶车辆上存在困难。

二、制度空白

1. 法律地位

根据基本功能和总体构造，自动驾驶汽车与传统汽车大致相同，可以视为机动车辆的一种。但是，自动驾驶汽车的驾驶方式实现了自动化，与人工驾驶存在非常大的差异。由于道路交通环境的复杂性，自动驾驶是一种革命性变革，使汽车具有了高度的自主性，能够像人一样参与道路交通活动。在此角度上，自动驾驶汽车是一种新生事物，不能简单地把其看作是一种普通的机动车辆。传统的机动车辆监管法律体系是以人类驾驶人为主体建构的，各种责任规则以及保险制度都是围绕人类驾驶人来设计的[33]，只有部分能够适用于自动驾驶汽车，难以直接和完全包容自动驾驶汽车，需要在法律上确立自动驾驶汽车的法律地位，明确其参与道路交通活动时所享有的权利和应当履行的义务，如享有与人工驾驶的机动车辆相同的路权，应当遵守道路交通安全法律法规等。

2. 数据管理

随着汽车电子技术的不断发展，汽车能够记录和存储越来越多的数据，特别是在车载计算机得到应用以后。在汽车进入网联化和智能化时期后，汽车数据变得更加复杂，主要包括车辆基础属性数据、车联网移动终端应用软件基础属性数据和车辆网服务平台基础属性数据等基础属性类数据、车辆运行和静态工况类数据、车—车通信中车辆位置、行驶速度、红绿灯信息等环境感知类信息、智能决策类车控类数据和车辆远程操控类数据等、车控类数据、应用服务类数据以及用户个人信息❶。这些数据的归属、保存、占用和使用也比较复杂[34]。在这些数据中，车辆运行所产生的数据到底是归属于车主还是制造商，存在很大的争议，哪些记录的数据需要保存，保存多长时间，也不确定，汽车数据很多由制造商控制，车主如果享有所有权，如何对相关数据行使权利，许多都具有商业价值，谁可以使用，基于什么可以使用，都不确定。从数据监管的角度上看，环境感知类信息可能涉及国家安全问题，谁对这类数据的安全保护负责，政府如何对相关行为进行监管也是一个大问题。与此同时，汽车在很长一段时期内是用户自由和自治的象征[35]，但随着技术的发展，越来越多的汽车数据涉及个人隐私，如娱乐信息设置、便捷设置、导航目的地以及常用地址等，甚至行人的数据等[33]，在数据的收集和使用上如何保护个人隐私也是需要汽车数据监管考虑的问题。目前，国内还缺少专门关于自动驾驶汽车数据管理的法律规范。

3. 网络安全保护

自动驾驶汽车是一个名副其实的"装在轮子上的超级计算机"[10]180-181，一方面通过通信与外部进行联系和接受服务，如与全球定位系统（GPS）交换信息等，另一方面可能接入车联网，因而它的网络安全问题是一个不可忽视的问题。非法侵入、计算机病毒攻击、黑客攻击等都会给自动驾驶汽车的网络安全带来威胁。相对于传统汽车，自动驾驶汽车在信息数据的采集、存储、

---

❶ 关于各类数据的具体情况，可参见行业标准《车联网信息服务数据安全技术要求》（YD/T 3751—2020）。

处理、传输、共享等各环节面临的潜在威胁大大增加❶。黑客可能通过干扰电子钥匙、后门、垃圾邮件和广告、恶意软件、第三方App、V2V通信等多种途径对自动驾驶汽车进行攻击[10]181-182。入侵车辆计算机系统窃取车主个人数据和记录，或对数据进行篡改，或对车辆进行非法控制，甚至劫持车辆实施其他犯罪行为，严重危害公共安全。作为一种高速运转的移动设备，自动驾驶汽车一旦被劫持作为攻击工具，将具有非常大的危险性，会造成人员伤亡或财产损失等严重后果。目前，我国尚无专门的法律来规范传统汽车以及自动驾驶汽车网络安全。

第二节 立法需求

近些年来，随着互联网、无线通信、人工智能、物联网、大数据、云计算等高新技术的不断创新，自动驾驶汽车进入了技术快速演进、产业加速布局的发展阶段。作为汽车与信息、通信产业跨界融合的产物，自动驾驶汽车涉及信息、互联网、通信、交通、城市管理和测绘等众多领域，在构成、功能和运行上与传统汽车存在较大差异。作为根据用户需求自主控制的智能化产品，自动驾驶汽车使传统驾驶方式发生了颠覆性变革。产品属性和运行方式的巨大变化，使得自动驾驶汽车与现行基于传统汽车的产品属性和使用方式而建立的法规制度体系存在不少冲突之处，也给政府监管带来了不少全新挑战，需要建立适合其特点的法规制度体系。

一、确保自动驾驶汽车安全

安全是大力推动自动驾驶汽车研发和市场化的基本立足点之一，也是推动自动驾驶汽车研发和市场化的最终目的之一。提高道路交通安全的水平是自动驾驶汽车的重要潜在价值之一。自动驾驶的智能感知车距功能可以提高道路使用效率，降低人为操作失误。从识别紧急情况到制动发挥作用，自动驾驶比人的反应更快。同时，也不会出现因疲劳驾驶、酒驾醉驾和开车时发短信、打电话等引发交通隐患问题。这些都有利于道路交通安全性的提高。确保自动驾驶汽车的安全是实现其价值的前提和基础。

---

❶ 2015年黑客入侵Jeep自由光所搭载的车联网系统，该事件后，传统汽车的网络安全开始受到关注，参见邓莉：《黑客入侵车企纷纷中招车联技术并不安全》，《中国品牌与防伪》2015年第9期，第79页。

与传统汽车不同,自动驾驶汽车应用了传感器技术、无线通信技术、环境感知技术、人工智能算法、信息网络技术(车载自组织网络技术、车载移动互联网技术)、导航定位技术、高精地图技术等,它本身的安全运行依赖于大量的专门软件、传感器、控制器、执行器等软硬件的协同运行。因而,影响自动驾驶汽车安全的因素与影响传统汽车安全的因素存在较大差异,特别在技术方面。与传统汽车技术缺陷引发的风险相比,自动驾驶汽车带来的技术风险有巨大的不同。因硬件或软件因素形成的系统故障;因功能局限,如目标使用场景考虑不周全,导致系统不能准确识别环境要素,功能仲裁逻辑不合理,导致系统决策失误;执行器响应能力不足,导致运动控制偏离预期等,发生交通事故;因碰撞保护不够,在遇到交通事故时产生人员伤亡[36]。

除了车辆自身的因素外,驾驶人、道路条件、周边事物、环境天气、管理等诸多因素也会对自动驾驶汽车运行的安全产生影响。例如,自动驾驶汽车在发生系统异常要求驾驶人接管的情形下,驾驶人接管后处理不当也会发生交通事故。

为了确保自动驾驶汽车的安全,需要充分考虑影响自动驾驶汽车安全的各种因素,建立自动驾驶汽车技术标准体系,包括自动驾驶汽车在数据、产品、功能等各个方面的安全技术标准,制定人机交互界面、传感器、促动器、软件和网络等自动驾驶汽车基本元素的安全技术标准。以此为基础,还需要建立自动驾驶汽车生产企业及产品的准入和监管制度,自动驾驶汽车车辆管理、使用人管理、通行管理以及交通事故处置制度,自动驾驶汽车客货运管理、自动驾驶公共交通管理制度等。

二、优化自动驾驶汽车发展环境

自动驾驶汽车研发和市场化的推进离不开政府营造的良好营商环境,也离不开社会的大力支持。

作为传统汽车与高性能计算芯片、人工智能、物联网等新一代信息技术深度融合的产物,自动驾驶汽车已成为未来道路交通运输发展的必然趋势和方向。它有着非常广阔的应用前景,包括公共交通、微公交、网约车、共享汽车、货运、干线物流、末端配送等众多领域。

自动驾驶汽车的发展对于国家经济和社会发展有着多方面的重要潜在价值。经济方面,作为引领未来的前沿技术和颠覆性技术之一,它的发展不仅能够给汽车产业带来全面的升级变革,也能够给许多相关产业带来巨大的商机。社会方面,自动驾驶汽车的应用能够大大减少交通事故的数量及对社会的损害，提高道路交通安全水平，改善公众出行，缓解交通拥堵，减少环境污染。

大力发展自动驾驶汽车已成为全球共识，也成为汽车产业升级和交通发展模式变革的战略制高点。但是，无论在技术上还是产业上，自动驾驶汽车都面临不少的障碍。在技术上，主要处于研发和试用阶段，还有不少的瓶颈需要突破，公众对它的接受度还比较有限。在产业上，主要处于商业化的前期，投入巨大，商业模式不确定，商家对它的发展也存在顾虑。

因而，推动自动驾驶汽车的发展需要政府给予鼓励和支持，通过制定相关的政策法规，创造必需的基本条件和良好的外部环境。一是建立促进技术研发创新和产业发展的政策法规制度，如有利的投融资管理、税收减免制度，自动驾驶汽车研发资助制度，自动驾驶汽车技术创新保护制度，自动驾驶汽车测试和试运行管理制度等。二是建立支持加快技术应用的政策法规制度，自动驾驶汽车试点示范制度，适当放宽自动驾驶汽车相关标准的豁免制度，测绘管理制度，无线通信管理制度，自动驾驶公共宣传教育制度等。

三、创新自动驾驶汽车监管方式

与传统汽车监管不同，自动驾驶汽车监管在对象和内容上都发生了较大变化。以投入使用为分界线，传统汽车监管分为产品侧和运行侧。在产品侧，政府需要对车辆的设计、制造、进口、销售等活动进行监管，以保证车辆的质量和安全技术性能。在运行侧，政府需要对车辆的驾驶、经营、维修、乘坐等活动进行监管，以保证车辆的正常性能和运行安全，其中对驾驶活动的监管，即对驾驶人的监管，居于核心地位。对于自动驾驶汽车监管，也可分为产品侧和运行侧。由于车辆驾驶实现了自动化，驾驶变成了车辆的一种特定功能，对驾驶活动的监管从产品侧就开始了，如对研发和测试的监管，贯穿于产品侧和运行侧。在产品侧，软件的核心性使得自动驾驶功能方面的监管居于主导地位。在运行侧，对自动驾驶系统的运行监管居于核心地位。从整体上看，产品监管成为自动驾驶汽车监管的主线和核心内容。从内容上看，在产品侧对软件的设计和开发的监管居于重要地位。在运行侧，除了产品监管的核心内容外，由于自动驾驶汽车的应用将使道路运输方式、运输组织形式、运输结构、交通秩序和安全管理等发生重大变化，自动驾驶汽车的使用、经营等相关运行活动也与传统汽车存在较大差异，对它们的监管内容也将发生比较大的变化。这些变化使得现行的针对传统汽车的监管在体制、方式和手段等方面都不能适应对自动驾驶汽车的监管需要了，也给政府监管带来了巨大挑战。例如，在交通安全执法方面，对于传统汽车，是通过教育、处罚当事人达到防止交通违法行为再次发生，预防交通事故，保障道路畅通的目的。而对于自动驾驶汽车，上路后执法对象不再是驾驶人，而是一种人工智能技术，自然人仅仅是乘客或者物品所有人，传统的方式和手段无法再适用，管理对象的变化带来的挑战十分巨大。

在此情形下，继续沿用传统的监管方式肯定是行不通了，需要对监管方式进行大胆创新，推动机动车管理、道路交通安全管理、运输行政管理等升级换代，建立适合自动驾驶汽车特点的监管法规制度，如信息化、网络化监管制度等。

与此同时，考虑到自动驾驶汽车的新生事物特点和对经济社会的巨大潜在价值，需要根据自动驾驶汽车发展的阶段和特点，坚持包容、鼓励和支持的原则，进行监管政策上的创新。

四、保护隐私和数据以及网络安全

汽车的智能化、网联化发展带来了个人隐私和数据以及网络安全的新问题。对于自动驾驶汽车而言，这些问题尤为突出。

大量使用数据，是自动驾驶技术发展不可或缺的一部分。自动驾驶汽车应用的人工智能算法对数据有着很强的依赖性。一方面，它需要使用大量的数据进行训练，包括模拟数据和实际数据。另一方面，它的运行需要采集大量的数据，包括传感器采集的道路、其他车辆、行人、交通标志等周边环境信息、车辆的位置信息、通信信息、车辆状态信息、车内人员信息等。这些信息也为它的深度学习提供了新的数据。与此同时，车辆在运行中也会产生大量数据，包括地理位置、用户模式、驾驶历史等驾驶信息、燃油消耗量、速度、制动、加速等行驶信息、系统运行信息、汽车诊断信息、维护信息、安全信息、故障信息、事故信息等。这些信息对于改进自动驾驶汽车的设计等也具有重要作用。但就其采集的信息而言，在摄像头、雷达、热成像设备、测距设备等多项传感和记录装置的辅助下，自动驾驶汽车的数据容量远远超过传统车辆。有数据显示，一辆自动驾驶测试车每天产生的数据量最高可达10TB[37]。在这些数据中，不少具有商业价值，但也涉及个人隐私。如果这些个人数据信息被企业或者个人过度收集、不当利用，就有可能产生对个人隐私的侵害[33]。因而，需要制定专门的法规，规范自动驾驶汽车数据的存储、利用、共享等，明确保护个人隐私和数据的规则及相关法律责任。

在车联网或车路协同的情形下，自动驾驶汽车的运行离不开网络的支撑。

自动驾驶汽车成为互联网的构成部分，成为万物互联时代的智能终端设备之一。在此情形下，自动驾驶汽车存在多种通过网络被攻击或控制的情形。一是黑客通过网络非法控制自动驾驶汽车的自动驾驶系统，劫持车辆或使用车辆实施违法犯罪行为。二是自动驾驶汽车在进行信息的获取和交互中，会通过网络与其他车辆、基础设施、行人、通信设备等进行沟通，在这个过程中会受到来自网络的攻击。三是黑客对GPS、摄像头、激光雷达、毫米波雷达、IMU等传感器进行干扰，影响自动驾驶的判断机制和行驶轨道。例如，攻击激光雷达让其辨别不了即时性不良数据，或者是试着干扰他们长期积累的聚合数据等。四是黑客通过入侵Wi-Fi、蓝牙等通道，找到车载App漏洞进行攻击，就能获取用户在这些App上的隐私数据、历史记录，实施监听或促发导航偏离[38]。因而，保护自动驾驶汽车的网络安全也是极其重要的，需要建立专门针对自动驾驶汽车网络安全的保护制度，如制定软硬件的网络安全保护标准，建立自动驾驶汽车网络安全保护的法规制度。

第四章
国外自动驾驶政策法规建设进展

鉴于自动驾驶汽车对于经济和社会发展具有的重大潜在价值,美国、德国、日本等不少国家都非常重视自动驾驶汽车政策法规制度建设,纷纷制定相关政策、法律、标准等,以消除自动驾驶汽车研发和商业化面临的制度障碍,为自动驾驶汽车的应用创造条件和提供支持,加快推动了自动驾驶汽车的研发和应用。此外,为了推动自动驾驶技术的发展和应用,破解各国在自动驾驶监管上产生的瓶颈,联合国、欧盟、国际标准化组织(ISO)等国际组织也针对此领域中存在的许多共性问题,集中多国专家力量,不断推进自动驾驶汽车国际法规建设。

第一节 美 国

作为全球汽车行业的领先者之一,美国积极谋划布局,推出政策、法律等,引导、鼓励和支持自动驾驶汽车的发展和应用,以继续保持其在该行业的领先地位。联邦政府方面,自2013年以来,推出了《联邦自动驾驶汽车政策:加快道路交通安全的全新变革》《自动驾驶系统2.0:安全愿景》《准备迎接未来交通:自动驾驶汽车3.0》《确保美国在自动驾驶汽车领域中的领先地位:自动驾驶汽车政策4.0》《自动驾驶汽车综合计划》等多个政策文件,2017年9月,美国众议院一致通过《自动驾驶法案》(SELF DRIVE Act)(H.R. 3388法案),美国参议院推出《自动驾驶启动法案》(AV START Act)(S. 1885法案)。州政府方面,2011年6月,内华达州连续通过两部有关自动驾驶汽车管理的法案——AB 511号法案和SB 140号法案,此后,大多数州都颁布了有关自动驾驶汽车管理的法案。

一、《确保美国在自动驾驶汽车领域中的领先地位：自动驾驶汽车政策4.0》

2020年1月，美国运输部首次联合白宫发布了《确保美国在自动驾驶汽车领域中的领先地位：自动驾驶汽车政策4.0》（以下简称《政策4.0》）。该版政策充分肯定了自动驾驶汽车对促进经济社会发展的重要价值，进一步确立了联邦政府在推动自动驾驶汽车发展上的十大原则，明确了联邦政府相关部门和机构的职责分工，推出了重点措施体系，被视为自动驾驶汽车政策上的又一大突破。其主要内容如下：

1. 十大原则

《政策4.0》从三个方面确立了十大原则。一是在保护汽车用户和公众方面，确立了安全第一、保障网络安全、加强隐私和数据保护、优化公众出行四个原则。二是在提升市场效率方面，确立了技术中立、鼓励和保护创新、推进监管现代化三个原则。三是在加强协同治理方面，确立了标准政策统一化、联邦政策一体化、道路交通运输整体协调发展三个原则。

2. 联邦政府相关部门和机构的职责分工

《政策4.0》进一步突出强调了美国运输部及其所属机构的职责，明确美国运输部作为联邦政府推动自动驾驶汽车发展的主导部门，在保障安全、实现自动驾驶汽车与现有道路运输系统融合发展等方面上担负着重要职责。此外，还明确了美国司法部、联邦通讯委员会、国土安全部、贸易代表委员会、财政部、国家环保署等联邦政府其他相关部门、机构的职责。

3. 重点措施

联邦政府38个相关部门、机构协同发力，逐步建立了推动自动驾驶汽车发展的重点措施体系。

一是制定发展战略。2018年发布《美国先进制造业领先地位战略》《5G技术加速发展计划》和《国家量子信息科学战略概要》，2019年发布《维护美国在人工智能领域的领先地位》《确保信息通信技术与服务供应链安全》等重大战略以及行政命令，阐明自动驾驶汽车的重大战略地位，制定了重大战略和措施。此外，正在推动《国家道路自动化整合准备战略》的制定。

二是出台政策法规。美国国家公路交通安全管理局、运输部等自2013年以来相继出台了多个推动自动驾驶汽车发展的政策文件，形成了联邦自动驾驶汽车政策系列。美国财政部出台了鼓励和支持自动驾驶汽车研发、出口等的联邦所得税优惠政策法规，如自动驾驶汽车研发费用支出最多可抵免20%的联邦所得税等。联邦通讯委员会出台并将不断完善相关政策法规，为自动驾驶汽车无线通信技术研发和应用提供良好环境。

三是创新监管方式。为了鼓励和支持技术创新，联邦政府积极创新监管方式，推行自愿协商一致的标准，提供技术指南。美国商务部所属的国家标准与技术研究院正在着力推动自愿协商一致的标准机制的建立。美国运输部在第二版和第三版政策中分别提供了两套自动驾驶汽车安全技术指南，与三个州的车联网建设试点单位等联合推出了车联网网络安全方面的技术指南。

四是开展基础研究。联邦政府多个部门、机构自行或通过委托相关研究机构等开展了大量的基础研究工作，涉及安全、应用、改善公众出行、安全保卫和网络安全、相关基础设施建设、无线通信管理、车联网建设、对外贸易、知识产权保护等多个方面。

五是推进试点示范。美国运输部多个机构大力推进试点示范工作。部长办公室设立自动驾驶系统示范项目，资助6000万美元，推进自动驾驶系统的研发和应用。美国联邦公共交通管理局设立系列研究示范项目，推进自动驾驶技术在公共交通中的应用研究。美国邮政总局设立3个自动驾驶汽车示范项目，推进自动驾驶汽车在邮政和物流行业中的应用研究。

六是加强社会参与。联邦政府相关部门、机构通过发布公告，加强宣传，举行公开会议、公开研讨会、交流会、专题研究会，组织国家对话、在线对话，举办设计比赛等活动，鼓励、引导和支持自动驾驶汽车研发和应用相关的企业、研究机构、专家学者、公众等参与有关自动驾驶汽车的决策制定、基础研究等，广泛听取意见、建议，集合全社会的力量推动自动驾驶汽车的发展。如美国运输部于2018年召开自动驾驶峰会，听取有关方面对联邦自动驾驶汽车政策修改的意见和建议。

七是提供资源支持。联邦政府为自动驾驶汽车的研发和应用提供技术、资金、人员培训、信息等方面的大量资源支持。联邦实验室技术转让联盟为自动驾驶汽车的研发和应用提供大量可利用的技术资源。中小企业管理局可为中小企业提供资金支持、技术援助、人员培训等多种服务。USAspending网站等提供了大量资助项目、技术、研究资料等方面的信息资源。

二、《自动驾驶汽车综合计划》

2021年1月，美国运输部发布了最新自动驾驶汽车政策《自动驾驶汽车综合计划》，再次重申了《自动驾驶汽车政策4.0》确立的联邦政府推进自动驾驶汽车发展的十大原则，充分明确了联邦政府推进自动驾驶汽车发展的愿景，系统阐明了联邦政府推进自动驾驶汽车发展的政策体系建设的目标、任务和举措。其主要内容如下：

1. 自动驾驶汽车发展的愿景

联邦政府推进自动驾驶汽车发展的愿景为"安全融入，构筑交通未来"。

2. 政策体系建设的三大目标

为了实现前述愿景，联邦政府重视政策体系建设，确立了三大目标：①促进各方合作和信息透明度；②推进监管环境现代化；③夯实自动驾驶应用的基础。

3. 政策体系建设的任务措施

基于这些目标，联邦政府明确了推进自动驾驶汽车发展政策体系建设的各项任务措施，包括与利益相关方合作，追踪自动驾驶汽车产业发展的新技术、新趋势；发布国家层面的政策指引，引导行业和企业发展方向；举办行业研讨会，促进信息共享；充分利用和优化法律豁免机制，推动自动驾驶应用；修改现有法规，消除影响自动驾驶应用的法律障碍；厉行创新，加强自动驾驶安全监管；开展商用自动驾驶汽车评估、交通法规与自动驾驶技术适用性分析、港口自动驾驶重型载货汽车等专项研究；设立专项，为自动驾驶示范、试点和应用提供资助等[39]。

4. 当前支持的五个典型领域

在《自动驾驶汽车综合计划》，联邦政府发布了当前正在推动发展的典型领域，包括低速无人配送车（时速小于25英里/小时，约40公里/小时；总车重小于3000磅，约1361千克）、低级别自动驾驶乘用车（适用于城市通勤等低风险驾驶环境的L3级乘用车）、高级别自动驾驶乘用车（适用于高速公路等限制区域内的L4级乘用车）、高速公路长途自动驾驶货车（能够在高速公路出、入匝道自行变道的L4级自动驾驶车辆）和低速接驳班车（满足居民出行"最后一公里"公交接驳需求的L4级低速自动驾驶车辆）[39]。

三、《自动驾驶法案》

2017年9月，美国众议院一致通过《自动驾驶法案》（H. R. 3388法案），其英文全称为"Safely Ensuring Lives Future Deployment and Research In Vehicle Evolution Act"，简称"SELF DRIVE Act"。这是联邦政府推出的首部关于自动驾驶汽车监管的法案，旨在明确联邦政府在保证自动驾驶汽车安全上的职责，规范自动驾驶汽车的设计、制造和运行，鼓励自动驾驶汽车的测试和应用。

该法案共分为十三节，从监管体制、安全技术标准、系统网络安全、检测和评估、隐私保护等方面为自动驾驶汽车监管确立了基本制度框架。它规定美国国家公路交通安全管理局（NHTSA）及各州或各州的行政部门仅可执行与《法案》所规定标准相同或更高的标准，同时NHTSA可通过修订现行法规和豁免的方式统一监管自动驾驶汽车的设计、制造和性能。所谓"豁免"，即用于测试或销售的自动驾驶汽车必须满足机动车安全标准，但如若其具有新的机动车安全特征，可以不严格遵守现有标准，但豁免资格是有数量和期限限制的。该法案主要包括以下内容[40]：

1. 对于自动驾驶汽车监管，规定美国联邦法律优先权

各州可以继续对许可、登记、责任、安全检查和事故调查、操作等其他方面作出规定，但国家法律会优先对高度自动化车辆、自动驾驶系统、自动驾驶系统的组件的设计、制造或性能作出规定，除非各州法律和联邦法律规定的标准是一致的。

不过，这并不妨碍联邦政府、各州及以下市县对自动驾驶车辆的使用制定更高的性能标准。总而言之，国家法律优先权的规定有利于统一自动驾驶汽车法律制度，避免各州的不同要求对自动驾驶汽车研究和部署的发展进程造成不利影响。

2. 法案赋予NHTSA自动驾驶汽车监管权限，要求升级、出台新的自动驾驶汽车安全标准

法案赋予NHTSA自动驾驶汽车监管权限，现行的联邦机动车安全标准对自动驾驶汽车的销售和服务做了很大的限制，该法案将更新联邦机动车辆安全标准，以适应高度自动驾驶车辆的技术发展。

法案要求NHTSA应逐步完善机动车辆安全标准，在法案生效之日起1年内公布并向众议院能源和商务委员会、参议院商务、科学和交通委员会提交制定的规则和安全优先计划，升级或提出新的机动车辆安全标准，以适应高

度自动化车辆的发展和部署，确保与高度自动化车辆一同上路的车辆的安全，且该安全标准应该定期审查和更新。

法案要求 NHTSA 在法案生效之日起 24 个月内发布最终规则，要求每一个发展高度自动化车辆或自动驾驶系统的实体提交如何解决安全问题的安全评估证书。规则应包括：①说明须提交安全评估证书的主体；②清晰阐述相关测试结果、数据和其他须提交的内容，证明实体的车辆可以保持安全的内容、设计的功能和故障特征应包含在证书内；③说明证书需要更新或重新提交的情况，法案同时要求美国运输部应对规则进行定期审查和更新。在此之前各制造商将根据 2016 年 9 月发布的《联邦自动驾驶汽车政策》或任何关于自动驾驶汽车的后续指南，将安全评估证明提交至 NHTSA。

3. 落实自动驾驶系统网络安全计划

随着自动驾驶技术的发展，其将对人们生活产生重要影响，其存在的潜在安全威胁和相关安全问题已经引起人们的高度关注。法案要求自动驾驶车辆厂商必须制定详细的网络安全计划，遵循 NHTSA 目前的网络安全指导，否则，法案将阻止其制造、销售或进口高度自动化车辆、全自动化车辆或自动驾驶系统。

网络安全计划应包括：①概述检测和应对网络攻击、未授权入侵、错误虚假信息或车辆控制指令的实践策略，包括：a. 识别、评估和减轻来自网络攻击或未授权的入侵，包括错误、虚假和恶意的车辆控制指令的合理可预测威胁的过程；b. 为减轻高度自动化车辆或半自动化车辆面临的危险而采取预防性和纠正措施的过程，包括事件应对计划、入侵检测和预防系统。②识别负责网络安全管理的联系点。③限制访问自动驾驶系统的程序。④培训员工，监督执行、维护政策和程序的过程，包括控制雇员访问自动驾驶系统。

4. 创设通用性豁免

为进一步推动自动驾驶汽车的部署和测试，该法案将在美国《美国法典运输卷》中创造第五项豁免种类，授权 NHTSA 免除制造商符合已经阻碍自动驾驶技术发展的联邦机动车辆安全标准，从而促进高度自动化车辆、功能或系统的开发和现场测试。

为了符合豁免要求，制造商必须证明系统或功能的安全水平至少符合豁免标准的安全水平或者车辆提供的整体安全水平至少符合非豁免车辆的整体安全水平。根据这一规定，法案允许汽车制造商第一年的豁免量为 2.5 万辆，第二年汽车豁免量为 5 万辆，第三、四年均为 10 万辆。这意味着将有更多的自动驾驶汽车可以上路测试。制造商将被要求提供有关其知道的所有涉及豁免车辆的事故的信息。该法案还要求NHTSA创建一个可搜索豁免车辆的公共数据库。

5. 成立高度自动化汽车咨询委员会

NHTSA监管自动驾驶汽车面临的关键挑战之一是该机构能否跟上自动驾驶汽车和系统快速发展的步伐。

在这方面，该法案要求国家公路交通安全管理局建立高度自动化汽车咨询委员会，委员会应由商业人士、学者、工程师、劳工组织、环境专家、安全和消费权益倡导者等不同群体代表、一个NHTSA代表和其他交通部门委任的代表组成。

委员会将收集信息，提供技术咨询，并对各种新出现的问题向NHTSA提出建议，例如为制造商提供信息共享的框架，促进残疾人士和老年人的移动访问，以及部署高度自动化车辆对劳工和就业、环境、用户隐私和信息安全以及网络安全的影响。

6. 加强消费者隐私保护

随着自动驾驶技术的发展，数据将在这个新兴领域扮演重要的角色，负责任的数据实践对于保护消费者隐私是非常重要的。

该法案要求制造商在销售高度自动化汽车、半自动化汽车或自动驾驶系统时应制作书面隐私计划，否则不得销售。隐私计划应向消费者解释如何收集、使用、分享和储存数据的方法以及详细描述核心隐私原则，比如数据最小化、去识别和信息保留，汽车制造商对去识别、匿名化或加密信息的做法不需要在隐私计划中详细说明。

该法案还强调了联邦贸易委员会对联网车辆的作用，联邦贸易委员会有权对包括交通在内的行业造成的不公平或欺骗性的隐私和数据行为采取执法行动，呼吁联邦贸易委员会研究制造商的隐私计划和实践，并向众议院能源和商务委员会以及参议院商务、科学和交通委员会提交报告。

四、《自动驾驶启动法案》

在《自动驾驶法案》提交美国参议院后，参议院并未进行讨论、表决，而是在同年9月28日推出一个新的《自动驾驶启动法案》（S. 1885法案），后又对其进行修改，在11月28日再次推出。其英文全称为"American Vision for Safer Transportation through Advancement of Revolutionary Technologies Act"，简称"AV START Act"。

该法案共有二十节，主要涉及自动驾驶汽车的安全技术标准、车辆测试、安全评估、公共教育、交通安全及相关执法、网络安全、隐私保护、影响研究、自动驾驶分级等内容。

关于自动驾驶汽车的安全技术标准，该法案规定了在现有机动车安全技术标准框架下制定自动驾驶汽车安全技术标准的组织、程序及要求等。

关于自动驾驶车辆测试，该法案规定了自动驾驶车辆测试的主体、条件、期限及相关要求，如在自动驾驶车辆测试期间，不得销售、租赁该车辆等。

关于自动驾驶汽车的安全评估，该法案规定自动驾驶汽车制造商在进行车辆测试时，在车辆销售或使用前至少应当提前90日提交自动驾驶车辆安全评估报告，在车辆销售后每年也应当提交自动驾驶车辆安全评估报告。安全评估报告应当从系统安全、数据记录、网络安全、人机界面、防撞性、性能、碰撞后的应急措施、交通规则遵守、自动驾驶功能等方面详细说明自动驾驶车辆安全解决方案，并提供相关证明材料。安全评估报告应当向社会公开。

关于公共教育，该法案规定美国运输部在该法颁布后180日内应当成立一个工作组，由其对公众进行有关自动驾驶汽车的宣传教育。它也规定了该工作组的成员组成、具体职责以及对其开展公共教育的要求。

关于交通安全及相关执法，该法案规定美国运输部应当与各州及地方的运输部门及交通安全管理机构、各州及地方的交通执法部门联合开展自动驾驶汽车安全以及交通安全执法方面的研究，包括可适用的法律法规的执行、发生碰撞时车辆驾驶模式的认定、自动驾驶汽车事件记录数据的分析、对自动驾驶汽车的执法方式等，制定各州及地方提交用于发现自动驾驶汽车缺陷的信息的方案。此外，美国运输部还应当根据自动驾驶汽车的功能和运行特点等对现行的事故调查数据收集系统进行改造。

关于网络安全，该法案规定自动驾驶汽车制造商应当制定并实施识别和减少自动驾驶汽车网络安全风险的方案，美国运输部可以对该方案进行检查。此外，美国运输部应当开展自动驾驶汽车网络安全方面的公共教育。

关于隐私保护，该法案要求 NHTSA 在该法案颁布一年内建立一个自动驾驶车辆数据库，可以明确查询该数据库的条件和程序等。

关于自动驾驶汽车的影响研究，该法案要求美国运输部在该法案颁布后60日内启动自动驾驶汽车影响研究，涉及自动驾驶汽车的使用对交通运输基础设施、公共出行、环境、燃料使用的影响。

关于自动驾驶的分级，该法案明确规定采用国际自动机工程师学会于2016年9月30日推出的分级标准。

此外，该法案还明确了该法与其他法律的关系，规定了自动驾驶汽车监管方面的规章制定程序等内容。

此外，2018年6月8日，参议院又推出一个有关自动驾驶汽车方面的法案（H. R. 6058），其英文全称为"21st Century Automated Vehicle Safety Act of 2018"。该法案要求美国运输部设立一个为非营利组织、政府部门、高校等提供资助的自动驾驶汽车研发试点项目，以更快推进自动驾驶汽车高清地图研发。2022年3月，NHTSA发布《无人驾驶汽车乘客保护标准》，明确规定自动驾驶汽车可以不用配备传统的转向盘、制动或加速踏板等手动控制装置[41]。

五、无人配送车立法

为了应对无人配送车迅猛发展带来的监管挑战，美国在肯定其价值，鼓励和支持其发展的同时，充分考虑到无人配送车带来的交通安全等方面的风险，对它的监管立法进行了不少有益的探索。

目前，美国超过20个州级政府通过立法建立了对部分类型的无人配送车的监管制度，加强对它们的应用监管。最早就无人配送车监管进行立法的是华盛顿特区（与各州同级）[42]。2016年3月，该特区颁布了第一个专门关于无人配送车监管的立法（Personal Delivery Device Pilot Program Act of 2016），将小型无人配送车界定为"个人配送设备"（Personal Delivery Device），确立了它的合法地位，设立了一个为期从2016年9月15日至2017年12月31日的由该特区交通部负责实施的无人配送车试点项目，允许无人配送车在市中心区以外的区域上路运行，建立了一个临时性的监管制度。2018年1月，又通过立法将试点项目的期限延长至2018年12月31日。同年5月，颁布《个人配送设备法》（Personal Delivery Device Act of 2018），建立了正式的无人配送车监管制度。在华盛顿特区颁布第一个立法后，弗吉尼亚州、威斯康星州、爱德华州、佛罗里达州、宾夕法尼亚州、西弗吉尼亚州等20个州都专门颁布了关于无人配送车监管的立法，对车辆配置、运营、通行等进行了规范。目前，还有部分州正在准备进行立法。

除佛罗里达州外，前述各州级政府有关无人配送车监管的立法都是针对小型无人配送车的。这些立法主要涉及小型无人配送车的界定、法律性质、配置、运营、通行规则、安全管理、责任保险等内容。在界定方面，无一例外地都把小型无人配送车界定为个人配送设备，明确了其具有运输物品的用途和自动驾驶的特点。大多都对其整车质量进行了限制，虽规定不一，但不允许其太重，目前最低限值是50磅（约23千克），最高限值是550磅（约249

千克）。有的还对整车尺寸进行了限制。在法律性质方面，全部明确地把个人配送设备排除在机动车辆的范围之外，有的甚至把它排除在车辆之外，把它归属于"机器人"，在法律地位上多规定与"行人"相同，部分也规定与"非机动车"类似。在配置方面，都要求其具有自动驾驶或远程驾驶功能，或二者皆具；必须配置制动装置，对于夜间运营的，必须配置车灯。在运营方面，都规定只能由企业才能开展个人配送设备运营活动，大多未建立许可制度，即不需要经过许可，即可从事个人配送设备运营活动。与此相对应，部分立法对个人所有的帮助自己运送物品的机器人（Mobile Carrier）进行了专门规定。通行规则，大多规定个人配送设备只能在人行道上或路侧行驶，除在交叉路口横过马路外，不得在人行道或路侧外的其他道路部分行驶，部分规定也可在非机动车道上行驶，极少规定可在机动车道上行驶；基本上都规定上路行驶的个人配送设备必须有明显的运营商标识或名称、联系方式、车辆编号等；都限制其行驶速度，在人行道上行驶时大多限速为16公里/小时；必须遵守适用于行人的交通信号以及其他通行规则，不得妨碍行人、车辆交通。安全管理方面，都规定禁止个人配送设备运输法律规定的危险物品；部分规定在发生事故必须向有关部门报告；部分规定不得利用个人配送设备实施犯罪活动。责任保险方面，绝大多数都规定运营企业必须为个人配送设备购买不低于10万美元的责任保险。与前述这些立法不同的是，佛罗里达州立法不仅建立了个人配送设备监管制度，也初步建立了低速无人配送车（Low-Speed Autonomous Delivery Vehicle）监管制度。由于对于低速电动车辆（最高设计时速不超过40公里，整车质量不超过1361千克）的部分监管权限属于联邦政府，该州只对它的配置、通行规则和保险等进行了一些规定。

与前述州级政府的相比，联邦政府有关无人配送车的监管立法比较滞后，主要通过现有的法律豁免制度对部分类型的无人配送车进行监管。2020年2月，NHTSA就曾批准了Nuro公司提交的豁免申请，允许该公司运营Nuro R2无人配送车。这种无人配送车长、宽、高分别为2.74米、1.1米、1.86米，整车质量为1150千克，设计最高时速为40公里[43]。

第二节　德　国

作为全球汽车强国之一，德国自2015年以来加快了自动驾驶汽车法规制度建设，发布了《自动化与网联驾驶战略》，充分肯定了自动驾驶汽车对经济和社会发展的重要价值，确立了推动自动驾驶汽车发展的目标和重点措施，根据加快自动驾驶汽车研发和应用的需要，先后对《道路交通法》进行了两次修订，初步建立了具有可操作性的自动驾驶汽车监管法律制度。

一、《道路交通法第八修正案》

2017年6月16日，针对自动驾驶的特点，德国在经过前期大量调研和论证的基础上对《道路交通法》进行了重要修正，形成了《道路交通法第八修正案》（Achtes Gesetz zur Änderung des Straßenverkehrsgesetzes）。作为德国首部有关自动驾驶的立法，该修正案对自动驾驶车辆的概念进行了界定，正式确立了自动驾驶的法律地位，初步明确了自动驾驶车辆的准入要求，规定了自动驾驶车辆驾驶人员的权利和义务，设定了自动驾驶车辆数据存储、保存和监管的基本规则，确定了涉及自动驾驶车辆的交通事故的归责原则以及最高赔偿数额。其主要内容如下[44]：

1. "高度或全自动化驾驶设备"的概念

"高度或全自动化驾驶设备"是指载有同时具备以下五种特性的技术设备的汽车：一是为执行驾驶功能（包括纵向与横向）而在启动后能够控制汽车；二是能够在高度或全自动化控制驾驶时遵守为汽车行驶制定的交通法规；三是驾驶人可在任何时候手动控制或停止该技术设备；四是驾驶人可意识到亲自控制汽车的必要性；五是能够将对驾驶人亲自控制汽车的要求及时通过可视、可听或者可触及的方式呈现给驾驶人。此外，"高度或全自动化驾驶设备"还需符合适用的国际条约中的相关描述。

2. 驾驶人的责任

驾驶人在启用自动驾驶技术驾驶车辆时，其虽可以脱离对交通状况及车辆的控制，但需要时刻保持警惕以随时接管驾驶任务。在以下情形下，驾驶人有义务立即重新接管对汽车的控制：一是当高度或全自动化系统要求其接管时；二是当驾驶人意识到或者基于常识应该意识到，汽车已不再具备高度或全自动功能的预设运作条件时。

3. 事故的赔偿额度

因高度或全自动化驾驶设备的系统故障而导致事故中的人员伤亡，受害者可获得的最高损害赔偿额将达到1000万欧元。存在财产毁损的，从100万欧元提高到200万欧元。该调整致力于更好地保护与高度或全自动化驾驶设备相关的事故受害者。值得关注的是，除了赔偿额度的提升，该修正案并未改变原有的责任分配模式。针对交通事故，德国《道路交通法》主要规定两类责任主体，即汽车所有人和驾驶人：汽车所有人对由汽车造成的损害承担严格责任；汽车驾驶人对由汽车造成的损害适用过错推定原则，即驾驶人需要举证其无过错才可免责。而汽车生产商并非《道路交通法》中的责任承担主体，其责任如质量缺陷等主要受制于民法下的生产者责任和产品责任法中的产品责任的相关规定。

4. 驾驶记录数据"黑匣子"的使用

载有高度或全自动化功能的汽车必须根据通用的国际技术标准来记录汽车在某一时刻究竟由驾驶人控制，还是由高度或全自动化功能控制，即所谓的"黑匣子"记录功能。如果高度或全自动化系统已要求驾驶人接管汽车的控制，或者该系统出现了技术障碍，也将立即生成一条相应的技术状态记录。上述数据应根据主管的道路交通监管部门的要求依法提交，并且该部门有权保存和使用相关数据。但数据的提交应限制在前述部门为实施相应监控目的的必要范围内。此外，数据的保存时效也需满足特定要求，在发生交通事故的情况下需保存三年，与针对侵权行为的诉讼时效一致。

该修正案顺应了德国国内的主流声音，可谓是德国自动驾驶汽车立法的破冰之举，对德国自动驾驶汽车产业的发展起到了正面的激励作用。同时，修正案构建了一个较为全面的权责体系，确立了制造商一系列较高的注意义务和责任，实现了责任主体在驾驶员和汽车制造商之间的转换。

二、《自动驾驶法案》

2020年11月，针对自动驾驶在公共交通领域中的应用考虑不够以及其他不足，德国联邦交通和数字基础设施部（Bundesministerium für Verkehr und digitale Infrastruktur）推出了对《道路交通法》和《机动车辆保有人强制保险法》（Pflicht versicherungs gesetzes）进行修正的法案，即《自动驾驶法案》，对自动驾驶法律框架进行调整、补充和完善。2021年5月20日和28日，它先后在德国联邦议院和联邦参议院获得通过。同年7月，在总统签发颁布后该法案开始正式生效。其主要内容如下：

1. 自动驾驶车辆的技术要求

围绕着自动驾驶车辆安全运营的需要，修正的《道路交通法》第1e条第2款详细规定了自动驾驶车辆必须符合的基本技术要求，具体包括自动驾驶功能使用、道路通行规则遵守、车辆防碰撞系统设计、最小风险模式启用情形、最小风险模式运行等多方面的要求。由于自动驾驶车辆运行的实际情况可能比较复杂，该法第1e条第3款也规定，如果在出现因其他一些妨碍因素导致自动驾驶系统无法正常执行驾驶任务的特殊情形下，车辆能够提供若干供安全员选择的替代驾驶操作，并提前通过发出视角信号、听觉信号或其他方式提示安全员进行选择，在安全员选择后由自动驾驶系统执行这些操作，则车辆也视为符合前述第二款第一至四项规定的技术要求。

2. 自动驾驶车辆运营准入方式

《道路交通法》第1a条第3款只是初步提出了自动驾驶车辆的准入要求，而修正的《道路交通法》第1e条第1款充分明确了自动驾驶车辆准入的具体方式。首先，自动驾驶车辆必须符合同一条第2款规定的技术要求，即前述"自动驾驶车辆的技术要求"部分中的规定。其次，自动驾驶车辆必须获得联邦机动车管理局颁发的车辆准入许可。再次，自动驾驶车辆必须获得运营所在州的交通主管部门的运营许可。最后，自动驾驶车辆必须按照《道路交通法》第1条第1款进行了登记。其中，联邦机动车管理局颁发的车辆准入许可在性质上为车辆技术合格的认可，是申请车辆登记和运营许可的前提条件。

3. 自动驾驶车辆运营涉及各方的义务

《道路交通法》第1b条只是规定有条件自动驾驶车辆使用时的驾驶员的权利和义务，而修正的《道路交通法》第1f条不但规定了车辆制造商和保有人必须履行的义务，而且规定了在特定区域内运营的L4级自动驾驶车辆的安全员必须履行的义务。根据该条规定，自动驾驶车辆制造商必须履行提供有关开发和运营期间车辆电子电气系统及相关电子电气系统都具有可靠的安全防护性能的证明、对车辆开展风险评估等义务；自动驾驶车辆保有人必须采取对自动驾驶系统等进行定期维护等必要措施，以维护运营车辆的交通秩序和安全；自动驾驶车辆安全员必须履行在特定情形时选择适合的替代驾驶操作如是否停用自动驾驶功能等义务。

4. 自动驾驶车辆数据存储、保存和监管的具体规则

《道路交通法》第63a条只是设定了自动驾驶车辆数据存储、保存和监管的基本规则，而修正的《道路交通法》第1g条详细规定了相关的具体规则。该条第1款的第一部分规定了自动驾驶车辆保有人在车辆运营期间应当存储的各种数据，具体包括车辆识别号、位置信息、运行次数和时间。第2款设定了安全员介入、发生事故等特殊情形下的数据保存规则。第3款规定了自动驾驶车辆制造商应当履行的隐私保护义务。第1款的第二部分和最后3款规

定了自动驾驶车辆数据监管的一些具体规则。

5. 自动驾驶车辆监管配套法规制定的授权

由于《自动驾驶法案》着眼于构建自动驾驶车辆监管的法律制度框架，其中包含的具体制度还需要配套的实施细则，因此该法案特别授权联邦交通和数字基础设施部根据监管需要制定相应法规。根据修正的《道路交通法》第1j条的规定，联邦交通和数字基础设施部可以就以下方面的内容制定实施细则：①自动驾驶车辆的具体技术要求；②联邦机动车管理局实施自动驾驶车辆准入许可的具体程序；③自动驾驶车辆运营区域须具备的条件以及州相关主管部门的审批程序；④适用于自动驾驶车辆的登记程序，等等。

6. 其他

除了前述内容外，《自动驾驶法案》还在《道路交通法》增加了第1h条明确了不在国际法规规定范围内的自动驾驶功能的处理，增加了第1i条规范了自动驾驶测试监管活动，根据L4级自动驾驶车辆的特点对《道路交通法》的第8条、第12条和第19条进行了修正，完善了《道路交通法第八修正案》中建立的自动驾驶车辆交通事故处理制度，对《机动车辆保有人强制保险法》第1条进行了修正，将自动驾驶车辆安全员纳入机动车辆强制保险的范围，对《道路交通法》第24条第1款进行了修正，规定了对违反自动驾驶车辆监管规定的行为的处罚措施等。

三、《自动化和网联车辆交通道德准则》

2017年6月20日，德国联邦运输和数字基础设施部下属道德委员会公布《自动化和网联车辆交通道德准则》（Ethische Regeln für den automatisierten und vernetzten Fahrzeugverkehr），立足于数字化革命和系统自主学习的时代背景，强调在自动驾驶中被全面发掘的人机交互所引发的新的道德问题。这是全球第一部针对自动驾驶的伦理指南，为相关法律法规的制定和完善提供了一定的伦理基础和道德依据。该伦理准则共有二十条：

（1）设计基于部分及完全自动驾驶的交通系统的首要目标在于加强对所有道路交通参与者的安全保障。此外，还要考虑改善公众出行和物品运输以及其他公共利益目标。技术发展以促进人的自由为根本原则。

（2）对人的保护，减少道路交通造成的人员伤亡，直至实现零伤亡，优先于对其他任何利益的考量。至少在自动驾驶给社会所带来的损失小于人工驾驶的情况下，即能够实现积极的风险平衡的情况下，允许自动驾驶系统在社会中推广应用，才是合理的。

（3）引入和批准自动驾驶和联网系统在公共交通领域中应用所产生的安全责任由政府承担。因而，自动驾驶系统的应用需要取得正式许可，并接受政府监管。消除交通事故是基本原则，在总体上实现积极的风险平衡情况下，技术上仍存在的一些不可避免的剩余风险并不影响自动驾驶系统的引入。

（4）实现个人自由是一个突出强调个人自由发展和权利保护的社会的重要特征。因而，国家和政治运行皆以实现个人自由发展，加强权利保护为目的。在这样一个社会中，法律对技术的管控围绕不影响他人自由和安全的个人自由最大化而展开。

（5）自动驾驶和网联技术应在实际可行的范围内最大程度避免交通事故的发生。在现有技术的范围内，设计上应当首先避免发生各种危险情况，包括两难境地，即自动驾驶汽车必须在无法权衡的两害中取其一的境地。就此而言，应当研究并不断完善各种可能的技术方案，如应用范围限制在可控交通环境内、车辆传感器和制动性能、向濒临危险的人发出信号以及通过智能道路交通设施避免危险等。在车辆设计和应用部署上大幅提升道路交通安全水平，包括实现出行障碍者的用车安全，既是自动驾驶发展的目标，也是政府监管的目标。

（6）如果由此能够发挥减少交通事故损害的潜力，那么引入更高级别的自动驾驶技术在社会和伦理层面上都是合理的。相反，如果仅仅从技术发展的角度考虑（实际禁止将人降格为技术应用的客体），通过法律命令人们必须使用自动驾驶车辆或者强制推行自动驾驶车辆，在伦理层面上是有问题的。

（7）在所有技术手段都难以避免的危险状况下，在所有法律保护的利益中，人的生命居于最高地位。因此，由于现有技术的限制，在保护人与保护动物或保全财物发生冲突的情形下，如果能够避免人身伤害，则允许对动物造成伤害，或对财物造成损坏。

（8）在两难境地下做出何种决定，如人在不同的生命间做出抉择，取决于两难境地发生时的各种具体情况，包含涉及各方可能实施的"不可预知"的行为情况等。因此，对两难境地的处理无法制定统一的标准，也不可能编写出在伦理上无异议的程序。技术系统的设计应当避免事故。但是，无法制定出让技术系统对交通事故后果进行综合或直观判断的统一标准，让它们能够像一位有作出正确判断的伦理意识的、负责任的驾驶人一样在面临危险情形时作出决定，或让它们对前述决定作出预测。固然驾驶员在面临危险的紧急情况下为了挽救若干人的生命而导致另外的人死亡是违法的，但在责任判断上他可能并无罪责。但这种事后针对特殊情况作出的法律裁判,无法简单地转化成对涉及行为作出预判的统一规则,也无法编写出相应的程序。有鉴于此,最好的方法是设立一个专门机构(如联邦自动驾驶与网联汽车事故调查办公室、联邦自动驾驶与网联汽车安全办公室),由其负责对此类案例开展系统研究,总结相关经验教训。

(9)在发生无法避免的交通事故时,严格禁止以个人特征(如年龄、性别、身体及精神状况等)作为选择受害人的标准。也禁止以人员数量选择受害人的标准。减少人员伤亡的一般程序设计是可行的。制造交通风险的交通参与者不得以牺牲未制造交通风险的交通参与者而保全自己。

(10)对于利用自动驾驶和网联汽车的交通系统,承担相关责任的主体由车辆驾驶员转变为车辆制造商、运营商,以及负责交通基础设施规划、建设和管理决策、政策制定和立法的人员。交通事故归责制度及其在司法中的具体实施必须充分考虑到这一转变。

(11)因启用自动驾驶系统产生的损害赔偿责任,适用与其他产品损害赔偿责任相同的原则。由此而言,车辆制造商或运营商有义务在技术可行、经济合理的范围内对自动驾驶系统进行不断优化,对已交付使用的自动驾驶系统进行监测和完善。

(12)公众有权利以适合自己的方式知晓有关新技术及其使用方面的信息。为保证公众知情权的实现,有关自动驾驶车辆使用和程序设计方面的说明应尽可能地清楚明了,让公众知悉,并经过相关专业机构的审查。

(13)伴随着数字交通基础设施的发展,未来是否有需要和可能,像铁路和航空运输管理一样,对所有车辆进行联网,并对其运行进行集中管控,目前尚无法确定。如果当且仅当无法真正消除对交通参与者的全面监控与车辆操纵的风险时,则通过数字交通基础设施对所有车辆进行联网,并对其运行进行集中管控,这在伦理层面是有问题的。

(14)只有在自动驾驶车辆可能遭遇到网络攻击,特别是非法控制车辆的信息技术系统或者利用车辆系统弱点进行的攻击,不会造成会严重破坏人们对道路交通安全的信心的危害情况下,自动驾驶车辆的推广应用才是合理的。

(15)允许商业化利用自动驾驶和网联车辆所产生的数据,包括对车辆驾驶重要的数据和对车辆驾驶并不重要的数据,面临保护道路交通参与者的自由和数据权利主体权利的限制问题。决定车辆运行产生的数据是否可以采集和利用的是车辆所有人和使用者。数据权利主体愿意公开数据是以受到严格约束的数据脱敏处理和数据利用是的确具有实用价值为前提的。应及早采取措施，消除搜索引擎或社交网络的运营商普遍采用的数据访问方式给社会所带来的习惯性影响。

（16）必须可以清楚区分车辆是否正在由自动驾驶系统驾驶，或者驾驶人是否处于应随时准备接管车辆驾驶的状态。对非完全自动驾驶的系统，车辆人机界面必须一直都能够显示出车辆驾驶的相关规则以及各方权限，特别是车辆驾驶的权限。应记录和保存时间和接管安排等有关各方权限以及相应责任方面的信息，特别是对于有驾驶权转换程序设计的情况。汽车和数字技术的国际化不断加快，应当推动驾驶权转换程序和文件记录的国际标准化，以保证程序设计和文件记录规则的通适性。

（17）自动驾驶车辆的软件及技术的设计，必须尽可能避免需要突然将驾驶权移交给驾驶员的情况（紧急情况）。为了保证人机交互的便捷、可靠和安全，并避免给人带来较大负担，系统必须能够更好地适应人的信息交流习惯，而不是反过来让人更好地去适应机器。

（18）如果在且仅在能够增强车辆的安全性能的情形下，允许使用机器学习系统以及在车辆运行中利用云平台数据库进行自学习的系统在伦理层面上是可以被允许的。除非在满足车辆驾驶相关功能的安全的要求，且不会影响本准则中确定的规则的情形下，才可以使用自学习系统。为编制相关通用标准，包括各种认可测试标准等，可以考虑要求将相关车辆运行的场景数据上传到由中立机构建立的集中场景数据库。

（19）在紧急情况下，车辆必须能够自行，即无须人的干预，进入"安全状态"。推进相关的标准化，特别有关安全状态和转移线路的标准化，是可取的。

（20）应当把自动驾驶车辆的正确使用纳入数字化公共宣传教育的范围中。有关自动驾驶系统使用的知识也应当增加到驾驶培训和考试的内容中。

德国政府对这些原则表示赞赏，并于2017年8月决定制定一项行动计划，包括进一步进行《道路交通法》和《数据保护法》的修改，制定规范汽车计算机编程的法律框架。

第三节　日　本

2016年以来，为实现在自动驾驶技术上的全球领导地位，日本快速推进自动驾驶汽车法规制度建设。政策方面，自2016年起连续4年发布了《官民

ITS构想及路线图》,对自动驾驶汽车的发展进行产业布局;推出《自动驾驶汽车管理制度建设大纲》,对自动驾驶法规制度建设进行顶层设计;发布多版《面向实现和普及自动驾驶的措施报告与方针》。法规方面,2019年先后对《道路运输车辆法》和《道路交通法》进行修正,2020年对《道路法》等相关法律进行修正,2022年再次对《道路交通法》进行修正;出台了执行《道路运输车辆法》《道路交通法》《道路法》修正案的法规等;发布了《自动驾驶汽车道路测试指南》(2016年)、《远程自动驾驶系统道路测试许可处理基准》(2017年)和《自动驾驶道路测试许可处理基准》(2019年)等配套文件。标准方面,制定了《自动驾驶汽车安全指南》(2018年)和《自动驾驶汽车客运经营指南》(2019年),2020年修订了《道路运输车辆保安基准》。

一、《自动驾驶汽车管理制度建设大纲》

2018年4月17日,日本内阁官方发布《自动驾驶汽车管理制度建设大纲》。针对2020年至2025年自动驾驶汽车初步应用阶段道路上行驶的自动驾驶汽车数量相对较少,且与传统汽车混行的情况,该大纲分析了自动驾驶乘用车、自动驾驶货车车队、自动驾驶客车应用产生的基本制度需求,提出了自动驾驶汽车管理制度建设的基本内容和框架,明确了政府进行政策制定、法律修正完善的主要方向,成为今后一段时期日本推进自动驾驶管理制度建设的重要指导性文件。

在自动驾驶汽车运输管理制度建设方面,该大纲指出,自动驾驶汽车运输经营许可的条件和程序仍依照现行的《道路运输法》和《货车运输事业法》的规定,自动驾驶汽车运输活动监管需要根据自动驾驶汽车运输活动的特点建立具体制度,以保证运输服务的安全。与此同时,该大纲重点就客运自动驾驶车辆和货运自动驾驶车辆的安全技术管理制度建设作了安排。

客运自动驾驶车辆安全技术管理制度建设方面,要对《道路运输车辆法》进行修正,确定影响客运自动驾驶车辆安全的具体因素,针对这些因素建立保证安全的具体制度,建立适合客运自动驾驶车辆的安全评估机制,根据自动驾驶技术研发推进的情况,制定相应的客运自动驾驶车辆安全技术性能标准,强制客运自动驾驶车辆配置行车记录仪,建立客运自动驾驶车辆维修、养护及软件更新管理制度。对于L4级别的自动驾驶应用,当前迫切需要对《道路运输车辆法》进行修正,适当将应用于客运自动驾驶车辆验证中临时放宽的车辆标准认证制度确立为正式制度。

货运自动驾驶车辆安全技术管理制度建设方面,也要对《道路运输车辆法》进行修正，确定影响货运自动驾驶车辆安全的具体因素，针对这些因素建立保证安全的具体制度，建立适合货运自动驾驶车辆的安全评估机制，根据自动驾驶研发推进的情况，制定相应的货运自动驾驶车辆安全技术性能标准，强制货运自动驾驶车辆配置行车记录仪，建立货运自动驾驶车辆维修、养护及软件更新管理制度。除此以外，要针对以电子牵引方式行驶的载货汽车列队、原单独行驶的自动驾驶载货汽车后并入载货汽车列队分别制定运行技术指南，适时修改《道路运输车辆法》和《道路法》建立相关制度。

在制度建设途径方面，该大纲也明确了日本警察厅、国土交通省等的具体任务，警察厅负责自动驾驶汽车涉及的道路交通方面的制度建设，而国土交通省负责自动驾驶汽车涉及的运输车辆安全技术管理、客货运经营管理、道路基础设施建设等方面的制度建设。

二、《道路运输车辆法修正案》

《道路运输车辆法》是日本有关机动车安全技术管理的一部重要法律。2019年5月24日，日本颁布了《道路运输车辆法修正案》，建立了自动驾驶技术管理制度。该法修正的主要内容包括：

（1）将自动驾驶装置纳入《道路运输车辆法》的调整范围。对自动驾驶装置的概念进行了界定，明确其包括实现车辆驾驶自动化的软硬件以及行车记录仪，并规定自动驾驶装置必须符合国土交通省制定的相关标准。

（2）建立了自动驾驶装置的修理监管制度。从事自动驾驶装置的修理，必须经过许可，且遵守国土交通省的相关规定，包括修理记录等。此外，自动驾驶装置的生产厂家有义务提供车辆检查、检修所需要的技术信息。

（3）建立了自动驾驶装置的电子检测制度，指定日本独立行政法人——汽车技术综合机构（NALTEC）负责电子检测技术信息管理。

（4）建立了车辆自动驾驶改装许可制度。允许对车辆进行自动驾驶改装，但改装必须经过许可，且遵守国土交通省的相关规定。许可审查中的技术部分审核由汽车技术综合机构负责。

（5）完善了车辆认证制度。在车辆认证程序中创设"纠正指令"，对于已经经过认证的车型，如果出现违反国土交通省相关规定的情形，可发出"纠正指令"要求进行改正。

三、《道路交通法修正案》

《道路交通法》是日本有关交通管理的一部重要法律。2019年6月5日，日本颁布了《道路交通法修正案》，以消除自动驾驶车辆上路行驶面临的障碍。该法修正的主要内容包括：

（1）根据《道路运输车辆法修正案》的规定，正式将自动驾驶装置引入《道路交通法》中，正式将配置自动驾驶装置的车辆纳入交通管理的范围。

（2）增加了有关自动驾驶车辆安装和使用行车记录仪的规定。配置自动驾驶装置的车辆必须安装能够记录车辆运行状况的行车记录仪。在行车记录仪出现故障时，车辆所有人不能使用该车辆，也不能让别人使用该车辆。车辆使用人应当按照相关行政法规的规定妥善保存行车记录仪记录的数据资料。违反以上规定者，将会受到处罚。

（3）设定了配置自动驾驶装置的车辆驾驶人的义务，如在不符合自动驾驶装置的设计运行条件的情形下，不得启用这些自动驾驶装置等，并明确前述驾驶人不受有关传统车辆驾驶人在驾驶时禁止打手机、观看车载电视的规定的限制。

2022年4月，为了实现L4级自动驾驶车辆的应用，日本对其法案进行了再次修改，对L4级自动驾驶进行了界定，建立了L4级自动驾驶运营的许可程序，规定了保障L4级自动驾驶运营安全的措施等。

四、《自动驾驶汽车安全指南》

2018年9月，日本国土交通省汽车局根据《自动驾驶汽车管理制度建设大纲》的安排发布了《自动驾驶汽车安全指南》。作为指导自动驾驶汽车研发和应用的重要政策性文件，该指南强调推进自动驾驶汽车研发和应用意在实现道路交通"零人身伤亡"的目标，将自动驾驶汽车安全界定为"在设计工况（ODD）下不会因自动驾驶系统问题造成人身伤亡的事故以及其他可预见且能避免的事故"，以此为基础，明确了配置L3、L4级自动驾驶系统的乘用车、客车和载货汽车在初步应用阶段中应当具备的安全要素，并针对这些要素制定了相应规则。其主要内容如下：

1. 设计工况的设定

自动驾驶汽车制造商以及自动驾驶汽车道路运输服务系统提供商应当根据每辆自动驾驶汽车的性能与应用情况为其准确设定设计工况，明确其应用环境与操作方法。其中，设计工况涉及自动驾驶汽车应用的道路类型（高速公路、普通公路、有无行车道、行车道数量、专用道路等）、地理位置（城市、山区、泥石路等）、天气、时间、速度限制、道路设施要求、特定行驶路线、乘务员配备等。

2. 自动驾驶系统的安全设计

在设计上，自动驾驶系统应当具有以下功能：①能够自行判断当前条件是否符合设计工况，只有在符合设计工况时，系统才会操控自动驾驶汽车行驶；②按照驾驶人员（车辆管理人员）的指令运行；③在道路上行驶时遵守《道路交通法》规定的通行规则；④其控制系统和传感器系统具有足够的冗余度。对于L3级别以上的自动驾驶汽车，还应当具有以下功能：①当运行条件不符合设计工况，以及系统判定自动驾驶汽车出现故障难以继续应用自动驾驶模式时，能够向驾驶人员发出人工操作的请求（要求转换驾驶权）；②在驾驶权转换交接前，仍能够继续正常驾驶，在功能受到限制时，能够执行备用驾驶程序，继续安全行驶；③能够判断驾驶权是否已经进行了转换交接；④在驾驶权未能成功转换交接时，能够启动最小风险策略（Minimum Risk Maneuver）程序，自动将车辆停在安全的地方。

对于L4级别的自动驾驶汽车，当运行条件不符合设计工况，以及系统判定自动驾驶汽车出现故障难以继续应用自动驾驶模式时，还能够启动最小风险策略程序，自动将车辆停在安全的地方。

3. 安全技术标准的符合

道路运输自动驾驶汽车应当符合国内制定的有关自动驾驶汽车的道路运输车辆安全技术标准。此外，也建议遵守未来国际标准化组织（ISO）等机构可能制定的相关国际标准等。

4. 人机交互界面(HMI)的设计

对于L3级别的自动驾驶汽车，人机交互界面（HMI）应当具有以下功能：①能够让驾驶人员容易理解、确定自动驾驶汽车的运行状况；②能够对驾驶人员进行监控，确保其可以随时进行驾驶权交接，在必要时发出警报；③允许驾驶人员对系统发出的转换驾驶权请求予以确认；④能够确定驾驶权是否已从系统转换到驾驶人员。

对于L4级别的自动驾驶汽车，人机交互界面应当具有以下功能：①能够让驾驶人员或乘客容易理解、确定自动驾驶汽车的运行状况；②在系统确认无法继续自动驾驶的情况下，能够提前告知驾驶人员或乘务员以及远程监控中心的车辆监控人员车辆将停止运行。

5. 数据记录装置的安装方面

暂时建议自动驾驶汽车安装记录车辆运行情况以及驾驶人员状况的数据

记录装置。

6. 网络安全的保护方面

自动驾驶汽车制造商以及自动驾驶汽车道路运输服务系统提供商在研发中要根据联合国或其他国际组织有关网络安全的最新要求进行自动驾驶汽车网络安全保护的设计。在道路运输自动驾驶汽车投入运营后，还要根据网络安全保护需要及时提供相关软件的更新和升级程序。

7. 安全评价的实施方面

在其应用前，自动驾驶汽车制造商以及自动驾驶汽车道路运输服务系统提供商应当通过模拟、实验测试、道路测试等多种方法对自动驾驶汽车运输车辆的功能和运行进行验证评价，以保证其安全性。

8. 重要安全信息的提供方面

自动驾驶汽车制造商、自动驾驶汽车道路运输服务系统提供商应当通过浅显易懂的资料等让驾驶人员、乘客等充分了解以下信息：①系统运行条件、车辆设计工况以及功能限制；②人工操作模式下驾驶人员需要执行的操作（对于L3级别的自动驾驶汽车，在发生难以通过系统继续驾驶的情况时，必须转换驾驶权等）；③除人工驾驶外，根据系统的性能和运行情况可能需要执行的其他操作（L3级别的自动驾驶汽车）；④人机交互界面上显示的信息（如自动驾驶系统是否正在运行中等）；⑤系统异常状态下车辆会发生的情况，如停车等；⑥投入运营后需要对车辆进行的检查、维护和软件更新。

9. 对自动驾驶客运车辆的特殊要求

除了前述要求外，自动驾驶客运车辆还应满足：①车内安装摄像头、语音通信设备，以能够在车辆运行监控中心监控车内情况，与车内人员进行通话；②紧急停车按钮安装在车内乘客容易操作的位置上；③在紧急停车（包括启动MRM程序和因事故停车）情况下，能够自动向车辆运行监控中心报告；④乘客能够通过人机交互界面清楚地了解紧急事件的处理情况，如紧急停车时与车辆运行监控中心的联络情况等。

五、《自动驾驶汽车客运经营指南》

2019年6月，日本国土交通省汽车局又根据《自动驾驶汽车管理制度建设大纲》的安排发布了《自动驾驶汽车客运经营指南》。以保证自动驾驶汽车客运服务的安全和便利为目标，该指南明确了自动驾驶汽车客运经营者及其远程监控人员、乘务员需要履行的法定义务，针对采用远程监控模式的自动驾驶汽车客运和L4级别的自动驾驶汽车客运两种情形，详细规定了自动驾驶汽车客运经营者在车辆运行、维修和养护等诸多方面需要注意的事项，具体如下：

1. 车辆运行、维修和养护

对于采用远程监控模式的自动驾驶汽车客运服务，经营者应当充分考虑营运车辆、行驶路线、运行区域所在的道路情况及其交通状况、车辆运行等方面存在的危险因素，选择安全的营运线路和区域。车辆运行前，应当由专门人员对车辆、系统等进行认真检查。车辆运行中，远程监控人员应当严格遵守《道路运输法》中有关营运客车驾驶人员义务方面的规定，按照《道路交通法》规定的通行规则安全操控车辆行驶。由于自动驾驶汽车与传统客车存在较大差异，应当按照《道路运输车辆法》规定的标准以及自动驾驶汽车制造商的要求，对自动驾驶汽车进行维修和养护。

对于L4级别的自动驾驶汽车客运服务，经营者应当充分考虑营运车辆、行驶路线、运行区域所在的道路情况及其交通状况、车辆运行等方面存在的危险因素，根据设计的运行环境条件范围，适当设定营运线路和区域。

2. 乘车秩序管理

对于采用远程监控模式的自动驾驶汽车客运服务，应当安装监视车门内外情况的摄像装置，远程监控人员应当能够通过这些装置观察到车门开闭、乘客上下车的情况，以确保乘客上下车安全。在车辆行驶途中，远程监控人员应当能够通过安装在车内的广播等告知乘客不要站立乘车、系好安全带等注意事项，维护好乘车秩序。此外，车门在车辆行驶途中应当始终处于关闭状态。

对于L4级别的自动驾驶汽车客运服务，经营者应当根据车辆运行特点做好乘车秩序管理。

3. 突发事件处理

对于采用远程监控模式的自动驾驶汽车客运服务，在车辆运营过程中发生以下突发事件时，经营者应当及时掌握事件发生的时间、地点、乘客状况等情况，并根据事先制定的应急预案❶对事件进行合理处置：①意外停车；②发生事故，造成乘客伤亡；③乘客在车内实施扰乱乘车秩序等违法犯罪行为；④因发生自然灾害等，车辆无法继续安全运行；⑤车辆出现严重故障，

---

❶ 《自动驾驶汽车客运运营指南》附件2提供了有关各种突发事件紧急处置的基本方案。

或者可能发生严重事故；⑥通过可能严重影响车辆运行安全的地点；⑦在通过铁路道口时停止运行。

为了充分掌握事件情况，应当在自动驾驶汽车上安装监视车辆内外情况的摄像装置和传感器、语音通信设备、乘客使用的紧急求助装置等。为了防止通信中断，自动驾驶汽车使用的通信网络应当具有足够的冗余度。

应急预案应当根据是否有乘务员的情况分别制定。在无乘务员的情况下，应急预案中应当建立针对发生有乘客伤亡的事故时的紧急救援机制。

此外，在车辆因自动驾驶系统故障无法继续按照自动驾驶模式运行时，应当能够转换成人工操作的模式。

4. 运行与事故记录

在发生事故时，应当保存自动驾驶系统的运行状态记录、车辆内外的监控视频等与事故有关的信息资料以及其他事故记录。

对于L4级别自动驾驶汽车客运服务，还应当全程记录车辆运行情况。

5. 事故后的处理

在发生事故或可能导致重大事故的事件❶后，自动驾驶汽车客运经营者根据事故或事件的情况可以为自动驾驶系统设定减速行驶的特殊区域。在无法继续使用自动驾驶系统运营时，可以要求自动驾驶汽车制造商等对该系统进行改进。

对于采用远程监控模式的自动驾驶汽车客运服务，在前述情况下，经营者首先应当根据事故或事件的情况要求远程监控人员采取必要防控措施。

6. 服务管理

为了保证自动驾驶汽车客运服务的便利，经营者应当建立适合其运营特点的服务管理制度，包括服务信息发布、按点发车、票款收取和退还、按规定线路行驶、按站点停车、服务咨询、投诉处理、无障碍服务等方面的内容。

此外，自动驾驶汽车客运服务经营者还应当遵守《道路运输法》《客车运输事业运输规则》等现行法律法规的相关规定。例如，根据《道路运输法》第5条和第6条的规定，自动驾驶汽车客运服务经营者应当根据自动驾驶汽车客运服务的特点制定合理的经营计划。再例如，乘务员应当履行《客车运输事业运输规则》规定的义务。

从总体上看，日本也注重自动汽车法规制度建设的顶层设计，政策、法规、标准建设都推进较快，在制度设计上也把安全放在了核心位置上。

---

❶ 如在行驶过程中可能与其他机动车辆或行人相撞的事件。

第四节 英　　国

2015年以来，英国发布了《通往无人驾驶之路：自动驾驶汽车法律法规综述》（The Pathway to Driverless Cars: A Detailed Review of Regulations for Automated Vehicle Technologies）、《通往无人驾驶之路：综合报告与行动计划》（The Pathway to Driverless Cars: Summary Report and Action Plan）《通往无人驾驶之路：测试规范》（The Pathway to Driverless Cars: A Code of Practice for testing）、《通往无人驾驶之路：支持先进辅助驾驶和自动驾驶技术发展的建议》（Pathway to Driverless Cars: Proposals to Support Advanced Driver Assistance Systems and Automated Vehicle Technologies）、《操作规程：自动驾驶汽车测试和试运行》（Code of Practice: Automated vehicle trialling）、《2030年网联和自动驾驶出行路线图》（UK Connected and Automated Mobility Roadmap to 2030）、《网联与自动驾驶2025：实现自动驾驶汽车的优势》（Connected & Automated Mobility 2025: Realising the Benefits of Self-driving Vehicles）等政策、标准文件，颁布《自动驾驶汽车与电动汽车法》，以推动自动驾驶汽车的研发和市场化。2023年11月，为加快自动驾驶的商业化进程，推出《自动驾驶汽车法案》（Automated Vehicles Bill），以及建立适应自动驾驶特点的、对自动驾驶进行全面有效监管的法律制度框架。

一、《自动驾驶汽车与电动汽车法》

2018年7月19日，英国颁布《自动驾驶汽车与电动汽车法》（Automated and Electric Vehicles Act 2018）。该法吸收了先前夭折的《汽车技术和航空法案》（Vehicle Technology and Aviation Bill）的基本理念，就有关自动驾驶汽车的保险和责任问题进行了专门规定，特别是对机动车强制责任保险条款进行了修改，使得自动驾驶汽车能够与传统车辆一起承保。

为了使车辆制造商、车辆所有人以及保险公司能够明确法案所适用的自动驾驶汽车的范围。根据该法第1条的规定，国务大臣必须编制自动驾驶汽车目录，并不断进行更新。该目录中的自动驾驶汽车应当满足如下要求：①国务大臣认为该汽车被设计或改装成至少在某些场景或环境下能够实现安全的"自我驾驶"；②至少能在某些场景或情形下能够在英国的道路或其他公共场所在"自我驾驶"状态下被合法地使用[45]。

为了应对自动驾驶技术带来的挑战，该法拓宽了承保范围，使得汽车保险框架由承保驾驶人向承保汽车转变[45]。根据该法第2条的规定，在自动驾驶汽车在"自我驾驶"的状态下发生事故的情形下，根据车辆是否投保，分别由保险人和车辆所有人首先对事故造成的损失承担赔偿责任。其中的"损失"包括死亡、人身损害以及任何财产损失，但不包括自动驾驶汽车本身、车载货物以及在被保险人或者车辆控制者所保管或控制下的财产，驾驶人的人身损害也被纳入其中。

该法确定了"单一保险人模式"（Single Insurer Model），核心在于若车辆已经投保，保险公司需要承担第一责任，并且将自动驾驶模式和手动模式下的车辆责任和司机责任均纳入同一保单，使得汽车保险同时涵盖人类驾驶员驾驶汽车的行为以及自动驾驶技术本身[46]。根据该模式，在自动驾驶事故中的受害方（包括合法地将车辆控制权交给自动驾驶系统的司机）可以直接向保险公司索赔，而保险公司则可以依据产品责任法或其他现行法向直接责任人进行追偿。其具体规则包括：①当事故是由自动驾驶汽车引起，且当时车辆是由司机而非自动化系统控制，则适用传统规则，司机承担事故责任，保险公司承担保险赔付责任。②当事故是由自动驾驶汽车引起，且当时车辆处于自动驾驶系统的控制下，则由保险公司承担赔付责任。③当事故的发生是由自动驾驶汽车引起，且因为车辆控制者有过错地运行了自动驾驶模式，对第三方受害者的损失，保险公司仍然要承担责任[47]。

此外，该法还规定了保险责任的豁免事由：①被保险人明知保单上禁止，但仍然擅自更改车辆软件；②被保险人明知或有合理理由应知需要安装安全攸关的软件更新却没有；③事故或者损害的发生在某种程度上是由受害方造成的；④因个人过失导致车辆不恰当地运行了自动驾驶模式，继而导致事故发生[47]。为了避免保险公司任意通过保单条款减免保险责任，该法规定，因软件更新或更改导致的保险公司责任的减免仅适用于被保险人遭受的损害，而不适用于受害方的损害，并且只适用于因以下两种情况直接导致事故时产生的损失：①因被保险人或被保险人知情的情况下第三人对车辆软件进行了保单所禁止的更改行为；②被保险人明知，或有理由应知，却不更新安全攸关的软件[47]。

二、《操作规程：自动驾驶汽车测试和试运行》

2019年2月，为了推进自动驾驶汽车的测试和试运行，促进自动驾驶汽车测试和试运行主体和政府相关部门的合作，鼓励有助于自动驾驶汽车安全技术标准制定和改进的信息共享，英国的网联汽车和自动驾驶汽车中心，在修正2015年版本的基础上，发布了新版的自动驾驶汽车测试规程《操作规程：自动驾驶汽车测试和试运行》（Code of Practice:Automated vehicle trialling），主要从四个方面对自动驾驶汽车的测试和试运行进行进一步的指导，包括测试和试运行车辆的要求、驾驶员或操作员的准入资格、公众参与度的要求及网络安全要求，提供了在英国公共道路或其他公共场所开展自动驾驶测试和试运行的技术指南，并就如何确保自动驾驶汽车的安全及最小化潜在风险提出建议[48]。

与上个版本的规程一样，英国政府重申，在道路上开展自动驾驶汽车的测试和试运行不需要经过政府批准，新版规程并未为测试和试运行设定新的义务。

根据新版规程，为了保证测试和试运行的安全，自动驾驶汽车测试和试运行主体在测试和试运行前可以根据实际需要制定详细的安全状况报告（Safety Case），说明针对测试和试运行存在的风险已有切实可行的解决方案。它也建议自动驾驶汽车测试和试运行主体向社会公开安全状况报告。

为了促进自动驾驶汽车测试和试运行主体和政府相关部门的合作，除了必须向网联汽车和自动驾驶汽车中心上报之外，新版规程也建议测试和试运行主体在制订测试和试运行方案以及开展测试和试运行期间积极与其他相关部门联络。

第五节　韩　　国

2015年以来，为了促进和支持自动驾驶的发展和应用，发布了《自动驾驶汽车商用化补贴方案》（2015年）、《自动驾驶汽车监管创新路线图》（2018年）、《未来汽车产业发展战略》（2019年）、《第一个自主交通物流基本计划》（2021年）、《自动驾驶汽车监管创新路线图2.0》（2021年）和《出行方式革新路线图》（2022年）等政策文件，修改了《汽车管理法》和《汽车事故赔偿法》和《机动车安全与性能法规》（KMVSS），制定了《自动驾驶汽车商用化促进法》《自动驾驶汽车商用化促进法施行令》《自动驾驶汽车商用化促进法实施细则》以及《自动驾驶汽车安全操作要求和试验操作规定》《自动驾驶汽车伦理准则》《自动驾驶汽车网络安全准则》《L4级自动驾驶汽车生产与安全指南》等技术规范。

一、《未来汽车产业发展战略》

2019年10月，韩国政府在现代汽车南阳研究所举行仪式，发布《未来汽车产业发展战略》，对包括自动驾驶汽车、电动汽车、氢动力电池汽车在内的未来汽车发展作出规划，提出2030年成为未来型世界强国的目标。对于自动驾驶汽车，提出到2027年实现L4级自动驾驶汽车全国主要道路的商业化，确立了四大战略措施。

1. 建设自动驾驶四大核心基础设施

确定截止到2024年在全国主要道路建成自动驾驶所需的通信、高精地图、交通管理和道路设施四大基础设施。

通信设施方面，在全国主要道路建设"车对车，车对路"无线通信网，完善车辆传感功能；参考国际标准等，决定使用的通信方式；基于道路设施和交通等要素，确定通信设施的优先建设内容，如汽车专用道路、自动驾驶安全区等。

高精地图方面，建设识别地形地物所需的全国道路三维地图；推动高精地区用于自动驾驶代客泊车服务、居民区内快递及外卖服务；推动设立特殊法人，负责高精地图的更新、管理等。

交通管理方面，为车辆远程提供实时交通信号，构建控制交通流量的综合体系；统一全国交通管理信号灯、安全标志等。

道路设施方面，根据自动驾驶运行的需要，推进道路、建筑物等的改造设计。

2. 构建自动驾驶所需的制度基础

确定截止到2024年完善自动驾驶汽车的制造、运行标准、性能检测体系、保险、商业化支持等自动驾驶应用所需的制度。主要包括制订自动驾驶汽车安全标准、完善自动驾驶汽车道路行驶临时许可制度及修改相关法规、制订包括自动驾驶汽车驾驶员教育、自动驾驶汽车驾驶能力测试等在内的自动驾驶汽车性能测试标准、建立自动驾驶汽车保险制度、实施《自动驾驶汽车商业化促进法》等。

3. 推动L4级自动驾驶技术的研发

明确到2021年推出可在高速公路上行驶的L3级自动驾驶车辆，2022年试运营可在市内行驶的L4级自动驾驶车辆，2025年全面推进L4级自动驾驶车辆的商业化，2020年L3、L4级自动驾驶车辆在新车市场占比达到约50%，确定推动的具体举措包括投资自动驾驶认知、判断和控制三大核心技术，实现国产化，培育系统半导体发展生态系统，同时推进单车型、网联型商用自动驾驶汽车发展、分阶段支持零部件开发、行驶测试、道路测试等。

4. 打造未来汽车服务系统

确定先普及网联服务，后开发并普及自动驾驶出行服务。在推进路线上，对于网联服务，以民营为主推进，政府提供制度支持，对于自动驾驶出行服务，通过技术积累和试运营创造市场需求。具体举措包括完善网联服务有关规定、选定自动驾驶客运、物流服务示范应用地区、以中小型企业为中心支持自动驾驶专线服务运营、推进自动驾驶载货汽车编队运营等。

二、《自动驾驶汽车商用化促进法》

2019年4月，为加快推动自动驾驶的应用，韩国颁布了《自动驾驶汽车商用化促进法》，确定由韩国国土交通部负责自动驾驶汽车商用化推进工作，推出了促进自动驾驶汽车商用化的措施体系，建立自动驾驶汽车交通与物流体系发展规划、自动驾驶汽车发展状况调查、自动驾驶专用道管理、自动驾驶商业化示范区管理、自动驾驶沙盒监管制度等多项重要制度，消除了自动驾驶应用的制度障碍，自2020年5月开始施行。2020年6月和12月、2021年7月，又对其进行了修订，完善了部分制度，建立了车路协同认证管理制度。

1. 自动驾驶汽车交通与物流体系发展规划制度

韩国国土交通部每五年编制一个自动驾驶汽车交通与物流体系发展规划，明确支持自动驾驶汽车交通与物流体系发展的基本方向、目标和具体政策，支持自动驾驶汽车安全和应用以及推动自动驾驶汽车交通与物流体系发展的基础设施研发计划，车路协同建设以及高精度地图测绘相关事项，自动驾驶汽车基础设施、自动驾驶交通和物流体系发展有关的国际合作事项以及中央政府确定的其他相关事项。

2. 自动驾驶汽车发展状况调查制度

为支撑自动驾驶汽车交通与物流发展政策的制订和实施，韩国国土交通部每年可以开展一次自动驾驶汽车发展状况调查，包括自动驾驶汽车交通与物流体系以及车路协同体系的研究、开发、运行、成效等情况。

3. 自动驾驶汽车商业化示范区管理制度

由市、道政府提出申请,韩国国土交通部根据自动驾驶汽车商业化示范区委员会进行的审议和决定,可设立自动驾驶汽车商业化示范区。商业化示范区委员会由韩国国土交通部设立,主要职责包括:制订示范区的基本政策和管理制度;审议和决定示范区的设立、调整或者撤销事项;批准有关法律豁免申请;定期评估示范区的运行状况;协调中央政府和地方政府关于示范区的意见;针对地方政府制订的有关示范区的不合理法规,向地方议会提交修订或废除该法规的意见[49]。市、道政府可根据需要制定自动驾驶汽车商业化示范区管理法规。

4. 自动驾驶沙盒监管制度

突破现行法律法规的限制,允许不符合现行法律法规的车辆销售、转让、租赁、从事客货运经营。具体而言,允许不符合《汽车管理法》规定的部分标准的"自动驾驶车辆在经过国土交通部的批准后在试运营区的专用道路上运行";允许不符合《旅客运输服务法》第八十一条规定的"自动驾驶车辆在经过批准后在试运营区内开展客运经营活动";允许不符合《货物运输经营法》第十一条规定的"自动驾驶车辆在经过批准后在试运营区内开展货运经营活动"。自动驾驶车辆市场准入、自动驾驶车辆、自动驾驶客货运经营等的准入条件和程序由《自动驾驶汽车商用化促进法施行令》和《自动驾驶汽车商用化促进法实施规定》具体规定。

5. 自动驾驶汽车商业化促进政策体系

自动驾驶汽车商业化促进政策涉及基础设施、行政和财政支持、技术创新、人才培养和国际合作等方面[49]:基础设施建设方面,国土交通部可以建设和运行车路协同系统,绘制和发布高精度地图。行政和财政支持方面,国土交通部应对自动驾驶基础设施、自动驾驶交通和物流体系研究,自动驾驶汽车运行所需设施的安装和运营,培育保障自动驾驶安全和支持自动驾驶运营的产业等提供必要的行政和财政支持。技术创新方面,国土交通部为自动驾驶基础设施、自动驾驶交通和物流体系有关的国内外技术发展信息收集和提供、核心技术研发等提供支持。人才培养方面,国土交通部应加大自动驾驶相关专业人才的培养力度,在本科大学、专科大学中设置自动驾驶汽车相关专业或开展相关活动,并指定自动驾驶专业人才培养机构,给予培养机构财政补贴。国际合作方面,国土交通部鼓励相关技术人才、企业参加国际展会和标准会议,积极开展国际研发合作等,并提供必要的经费支持。

第六节 新 加 坡

近些年来，新加坡在充分肯定自动驾驶汽车对经济和社会发展产生的巨大价值基础上，特别是在公共交通和货物运输的升级转型方面，确立了其在实现"智慧国家"（Smart Nation）发展蓝图上的战略地位，积极采取政策法规制订、配套基础设施建设、财政支持等多种有力措施，加快推动自动驾驶汽车的研发和应用，在全球范围内最先建立了适合自动驾驶汽车发展的生态系统。根据世界知名会计事务所毕马威（KPMG）在2020年7月发布的评估全球30个国家和地区的自动驾驶汽车发展和应用情况的"2020年自动驾驶汽车成熟度指数"（Autonomous Vehicles Readiness Index），新加坡因在政策法规制订、公众接受度等方面的突出表现而名列榜首。在政策法规制订方面，注重立法上的突破和创新，修正了《道路交通法》（Road Traffic Act），制定了配套的《自动驾驶机动车辆道路交通规则》［Road Traffic (Autonomous Motor Vehicles) Rules 2017］，确立了自动驾驶汽车的合法地位，引入金融科技监管中的"监管沙盒"（Regulatory Sandbox），在建立自动驾驶汽车道路测试监管制度的同时，建立了相对正式的、具有实际操作性的自动驾驶汽车应用监管制度，为新加坡加快自动驾驶汽车应用铺平了道路。

一、新加坡自动驾驶汽车发展情况

伴随着自动驾驶的逐步兴起，新加坡政府认识到该技术对本国经济和社会发展的许多潜在价值。新加坡总人口560多万人，国土面积仅为720平方公里左右，人口密度非常高，机动车保有量约100万辆，交通拥堵尤为严重。多年来，该国一直为建设高效、便捷的公共交通系统，减少私人车辆和缓解交通拥堵而努力。自动驾驶在这方面上能够提供较大助力。新加坡存在人口老龄化严重的问题，劳动力缺口不断加大，特别是在驾驶人方面。自动驾驶在解决劳动力短缺上的作用更加突出。此外，自动驾驶在发展货物运输、减少交通事故和环境污染等方面也能发挥重要作用。

基于对这些价值的考虑，新加坡政府对自动驾驶持积极、乐观的态度，确立了推动自动驾驶在公共交通、网约共享汽车、货物运输和公共事业上应用的发展方向，一直鼓励和支持相关企业、研究机构等在新加坡开展道路测试和试运行活动，加快推进自动驾驶的应用，致力于使该国成为全球自动驾驶应用首个典范。

自 2015 年设立第一个测试区域以来，自动驾驶道路测试活动蓬勃发展。一是测试区域由封闭或半封闭区域内的道路逐步拓展到开放的公共道路上。由于《道路交通法》的限制，早期的测试区域都是设立在一些产业园、校园和公园，如维壹科技城（One-North Business Park）、滨海湾花园（Gardens by the Bay）、新加坡国立大学、新加坡科技公园等。在 2017 年《道路交通法》修正后，测试区域逐步被扩展到开放的公共道路。二是测试线路里程由 6 公里增加到 1000 多公里。2015 年，第一个测试区域的线路里程仅有 6 公里，2016 年 9 月增加到 12 公里。2017 年，各测试区域的线路总里程达到 70 公里。2019 年 10 月，在测试区域扩展到西部所有公共道路后，测试线路里程超过 1000 公里，占到新加坡道路总里程的十分之一。三是测试车辆逐步扩展到涵盖前述四个发展方向的诸多类型。早期测试的车辆多为自动驾驶乘用车，如自动驾驶轿车、自动驾驶商务车等。后来测试的车辆主要为自动驾驶巴士（接驳车）、小车、中型和大型自动驾驶公交车、自动驾驶出租汽车、自动驾驶货车、自动驾驶载货汽车列队、自动驾驶环卫车等。四是测试场景日趋多样化。早期测试多在行人较少、路况简单的道路上。后来的测试扩展到更长直线道路、更多样路况、恶劣天气条件、与传统车辆混合行驶等场景。五是测试合作机构逐步扩展到诸多全球知名企业。早期的测试合作机构多为本国的研究机构或企业，如新加坡科技研究局（Agency for Science, Technology and Research，简称 A*STAR）、新加坡国立大学、新加坡—麻省理工学院科研中心、南洋理工大学、新加坡科技工程有限公司（ST Engineering）等。后来的测试合作机构扩展到瑞典的沃尔沃公司（Volvo）和斯堪尼亚公司（SCANIA）、日本的丰田公司（Toyota）、法国的标致雪铁龙集团（Groupe PSA）和易迈（Easy Mile）公司、美国德尔福公司（Delphi）等知名企业。

除了道路测试活动外，新加坡交通部（MOT）及其下属的陆路交通管理局（LTA）还与一些机构合作，开展了不少的自动驾驶试运行活动。2016 年 8 月，世界上首辆自动驾驶出租汽车 nuTonomy 在新加坡进行载客试运行，乘客可用智能手机免费预约乘坐。2017 年第一季度，能够搭载 15 名乘客的 Navya 自动驾驶巴士进行载客试运行，行驶路线由南洋理工大学校园至约 1.5 公里外的科技生态产业园。2018 年 11 月，配置先锋 3D-LiDAR（激光雷达）传感器的自动驾驶巴士在义安理工学院校园进行载客试运行。2019 年 7 月，NUSmart Shuttle 自动驾驶巴士在新加坡国立大学进行载客试运行。2021 年 1 月，新加坡首条收费自动驾驶巴士服务路线开通，行驶路线由裕廊岛至第二科学园，该路线试运行三个月，乘客可通过手机应用程序呼叫巴士，再用银行卡预付车资，然后可前往指定路线的任何一个巴士站去乘车。

经过大量的道路测试和试运行活动，自动驾驶在新加坡正式应用的条件正在逐步成熟。早在2017年11月，陆路交通管理局就宣布，从2022年起，在非客流高峰期和按需通勤时，将自动驾驶巴士正式投入到榜鹅（Punggol）、登加新镇（Tengah）和裕廊岛创新区的通勤运营当中。

二、新加坡自动驾驶汽车立法概况

自动驾驶汽车在构成、功能和运行上与传统机动车辆存在较大差异，并非传统汽车的升级或换代，与传统道路交通运输法律制度不具有兼容性，法规上的滞后给新加坡推进自动驾驶研发和应用带来了较大障碍。因而，新加坡政府一直比较重视自动驾驶汽车的法规问题，把其与技术、公众接受度视为构建自动驾驶发展生态系统，加快实现自动驾驶应用的三大关键因素，不断推进自动驾驶汽车法规制度建设。

2017年2月，围绕加快实现自动驾驶应用所需要的条件，在总结前期自动驾驶汽车道路测试（含试运行）监管经验的基础上，议会对《道路交通法》进行了修正，通过了《2017年道路交通法修正案》[Road Traffic (Amendment) Act 2017]。《道路交通法》是新加坡道路交通运输领域的基本法，对车辆登记、车辆限制（许可）、车辆管理、驾驶人许可和管理、驾驶培训管理、道路运输车辆及其驾驶员管理、道路使用、道路交通犯罪行为处罚等诸多方面的内容进行了规定。通过对其修正，确立了自动驾驶汽车的合法地位，创设了一个总体有效期为5年的"监管沙盒"，明确了自动驾驶汽车道路测试和应用监管的内容，授权交通部制订具体的实施规则，调整不适合自动驾驶特点的规则。《2017年道路交通法修正案》一方面从根本上消除了阻碍自动驾驶汽车道路测试和应用以及自动驾驶技术发展的法律障碍，另一方面，建立了突出安全导向的自动驾驶汽车道路测试和应用监管法律框架。

为了尽快推进自动驾驶汽车法规制度建设，交通部在2017年8月就根据前述修正案的授权出台了《自动驾驶机动车辆道路交通规则》，建立了具体的自动驾驶汽车道路测试、应用授权法律制度，明确了自动驾驶汽车道路测试者和应用者在车辆维护、数据记录和保存、事故报告等方面上的义务，规定了未经授权从事自动驾驶汽车道路测试或应用等犯罪行为的法律责任。该法规在建立自动驾驶汽车道路测试（含试运行）监管制度的同时，建立了相对正式的、具有实际操作性的自动驾驶汽车应用监管制度。

2019年1月,为了推动自动驾驶的发展,实现自动驾驶的安全应用,新加坡发布了一部有关高级别自动驾驶汽车应用的国家标准《自动驾驶汽车技术参考准则》(TR 68)。该标准由基本通行规则、安全设计和管理规则、网络安全原则和评价框架、车辆数据类型和格式四个部分组成。

2021年5月,新加坡议会通过《2021年道路交通法修正案》[Road Traffic (Amendment) Act 2021],将有关自动驾驶监管沙盒的法律规定的有效期延长了5年。同年9月,又对前述国家标准进行修订,发布了TR 68的加强版,增加了有关机器学习应用、软件升级管理、网络安全原则和检测框架等方面的技术规范。

三、《2017年道路交通法修正案》

《2017年道路交通法修正案》中涉及自动驾驶汽车的内容主要包括自动驾驶机动车辆及相关概念的界定、车辆分类制度改革、道路测试与应用监管规则框架、法律豁免制度、对阻扰或妨碍道路测试与应用的处罚等。

1. 自动驾驶机动车辆及相关概念的界定

自动驾驶机动车辆无法直接归入传统机动车辆的范畴,该修正案在修改"机动车辆"概念的基础上,增加了"自动驾驶汽车技术""自动驾驶机动车辆"和"自动驾驶系统"三个术语,从而确立了自动驾驶汽车的合法地位。

根据该修正案,自动驾驶汽车技术是指各种与自动驾驶汽车的设计、制造或使用有关的技术以及改进自动驾驶汽车设计或制造的技术,自动驾驶机动车辆是指完全或主要由自动驾驶系统操控行驶的机动车辆,自动驾驶机动车辆牵引的拖车也视为车辆的一部分,自动驾驶系统是指无须人员主动参与操作或控制即可操控机动车辆行驶的系统。

2. 车辆分类制度改革

考虑到自动驾驶等新技术的不断发展对机动车分类可能带来的影响,该修正案改变了法律中对机动车进行分类的方式,采用由道路交通运输主管部门专门发布有关机动车辆分类的法令的方式。法令方式比较灵活,主管部门可以根据相关技术发展情况对机动车辆的类型进行及时调整、补充。

3. 道路测试与应用监管规则框架

鉴于自动驾驶机动车辆的特殊性,该修正案特别授权新加坡交通部制定专门规范自动驾驶机动车辆道路测试与应用活动的规则,规定了新加坡交通部制订自动驾驶机动车辆道路测试与应用监管规则的内容与范围,建立了自动驾驶机动车辆道路测试与应用监管规则框架，限定了前述法律授权以及根据授权制订的相关规则的有效期，要求新加坡交通部在制订规则过程中采取必要措施，以防止泄露相关商业秘密及敏感信息。

根据该修正案，新加坡交通部可从道路测试与应用授权、道路测试与应用所必需的设备、设施等基本条件、车辆安全技术性能及运行、责任保险办理或保证金交纳、道路测试与应用通告、驾驶执照管理、天气、气候及其他环境因素限制、记录保存和上报、道路测试与应用期间等诸多方面制定具体的道路测试与应用监管规则。在道路测试与应用授权方面，新加坡交通部可就开展被授权的道路测试与应用须遵守的特定要求、测试与应用授权的中止或取消、测试与应用授权申请费及相关费用等制订具体规则。

4. 法律豁免制度

由于自动驾驶技术尚在发展中，还缺少成熟的技术标准，如果沿用传统机动车辆的监管方式，自动驾驶汽车要么无法上路行驶，要么就是违法上路行驶。针对这种情况，该修正案明确规定，经过授权的自动驾驶机动车辆道路测试与应用活动不受《道路交通法》及相关法律中有关禁止使用、销售或提供（含许诺销售或提供）不符合相关技术标准的车辆、禁止改装使其不符合相关技术标准的车辆等者多条款的约束，在根据授权制订规范自动驾驶机动车辆道路测试与应用的规则时，新加坡交通部可对《道路交通法》及相关法律中不适合自动驾驶机动车辆道路测试与应用的条款进行调整、修改，也可明确其暂不适用。

5. 对阻扰或妨碍测试与应用的处罚

为了保证自动驾驶机动车辆道路测试与应用的顺利开展，该修正案明文规定对阻扰或妨碍道路测试与应用的行为进行处罚，既包括直接阻扰或妨碍经过授权的自动驾驶机动车辆道路测试与应用活动的进行，也包括破坏自动驾驶机动车辆的内外设备、装置，或对其运行干扰。此外，如果阻扰或妨碍道路测试与应用的行为也构成《计算机滥用和网络安全法》（Computer Misuse and Cybersecurity Act）中的犯罪行为，则按照该法进行处罚。

四、《自动驾驶机动车辆道路交通规则》

《自动驾驶机动车辆道路交通规则》的主要内容包括自动驾驶机动车辆道路测试和应用授权申请的内容、形式和提出方式、自动驾驶机动车辆道路测试和应用授权申请的审批、授权书的格式和有效期限、经授权的道路测试与应用须遵守的特定要求、责任保险办理或保证金交纳、授权延期、中止或取消的情形、自动驾驶机动车辆道路测试和应用主体在车辆维护、数据记录和保存、故障和事故报告上的义务、主管部门对道路测试和应用车辆检测的监管等。

1. 授权申请的内容、形式和提出方式

在任何道路上开展自动驾驶机动车辆的测试和应用活动，均须在事前向主管部门提出授权申请。自动驾驶机动车辆道路测试授权申请应包括测试目的、测试方案、测试车辆或其技术的类型、测试车辆的数量及每辆车的详细情况说明、测试车辆应用的自动驾驶系统、车辆改装情况以及各种证明车辆及其自动驾驶系统能够安全运行的文件材料。自动驾驶机动车辆应用授权申请应包括应用方案、应用车辆的类型以及每辆车应用的自动驾驶系统的详细情况说明、车辆改装情况以及各种证明车辆及其自动驾驶系统能够安全运行的文件材料。授权申请的形式和提出方式应当符合主管部门的要求。

2. 授权申请的审批、授权书的格式和有效期限

主管部门在对提交的自动驾驶机动车辆的道路测试和应用授权申请审核后，认为符合条件的，在申请人缴纳相关税费后，发放授权书，认为不符合条件的，不予授权。自动驾驶机动车辆道路测试和应用授权书的格式和有效期限均由主管部门确定。

3. 经授权的测试与应用须遵守的特定要求

在授权时，主管部门可根据申请情况对自动驾驶机动车辆的道路测试或应用提出一些要求。这些要求可包括：①在限定区域范围内开展测试和应用活动；②在测试和应用车辆上安排一位适合的安全驾驶员坐在驾驶位上，监控车辆运行，在必要时，进行接管；③在测试和应用车辆上安排一位适合的安全操作人员，监控车辆运行，在必要时，进行接管；④禁止测试和应用车辆载客；⑤禁止测试和应用车辆出租或收费；⑥明确可以参加测试和应用的人员；⑦其他任何有关测试和应用车辆技术规格的要求。对于不同类型的测试和应用车辆，可分别提出要求。

在授权期间内，主管部门可以书面通知方式对授权书中的要求进行变更。测试或应用主体也可向主管部门提出变更授权书中的要求的申请，主管部门可视情况决定是否进行变更。在审核变更申请的过程中，主管部门可：①要求申请人在主管部门指定人在场的情况下制造自动驾驶车辆，演示该车自动驾驶系统的运行情况；②自行或指定他人对自动驾驶车辆的自动驾驶系

统或相关技术进行测试；③要求申请人在主管部门指定人在场的情况下制造用于检测的自动驾驶车辆。

4. 责任保险办理或保证金缴纳

测试或应用主体在开展道路测试或应用活动前必须办理《道路交通法》规定的相关责任保险。保险人须为在新加坡合法从事保险业务的公司，保险期间须涵盖整个测试或应用授权期间，在授权延期的情况下，保险期间也须进行延期。在测试或应用主体虽经合理努力但未能成功办理前述责任保险的情形下，允许其向主管部门缴存不低于150万新元的保证金。

5. 授权延期、中止或取消的情形

在测试或应用授权期满前，测试或应用主体如欲申请延期，则必须在到期日前至少提前6个月或在主管部门规定的期间内提出授权延期申请。授权申请延期的内容、形式和提出方式以主管部门要求为准。

在出现下列情形之一时，主管部门可全部或部分中止、取消测试或应用授权：①主管部门认为，继续开展道路测试或应用不符合公共利益需要；②测试或应用主体未能或已无法按照授权要求开展道路测试或应用活动，或已不具备应用测试或应用相关法律豁免的条件；③测试或应用主体已不再适合开展道路测试或应用活动。

6. 测试或应用主体在车辆维护等方面上的义务

为了确保自动驾驶机动车辆道路测试或应用的安全，测试或应用主体在车辆维护、数据记录和保存、故障和事故报告三个方面上必须设置一些特定义务。车辆维护方面，测试或应用主体必须对测试或应用自动驾驶车辆及其附件、传感器或设备进行妥善维护，以使它们处于良好状态，必须确保测试或应用自动驾驶车辆的自动驾驶系统始终能够保持正常运行状况。数据记录和保存方面，每辆测试或应用自动驾驶车辆都必须安装能够记录车辆运行信息的数据记录仪，车辆运行信息包括日期和时间戳、车辆位置所在的经纬度、车辆的行驶速度、车辆的运行状态（含是否处于人工驾驶状态、自动驾驶模式、人机共驾模式或远程监控模式）、人机共驾模式下驾驶人接管记录、传感器数据、内拍、前置以及后置摄像头拍摄的视频信息；数据记录仪中记录的数据必须采用主管部门规定的格式，均须保持原始状态，至少保存到授权期满或取消后满三年；在测试或应用时，无论是否启用自动驾驶系统，数据记录仪都必须处于运行状态；在主管部门要求提供时，必须及时将数据进行上报。故障和事故报告方面，在测试或应用期间，自动驾驶系统出现故障或车辆发生事故时,必须及时向主管部门报告。

7. 主管部门对测试或应用车辆检测的监管

为评价自动驾驶车辆或其自动驾驶系统以及相关技术的安全性、审核授权要求是否充分以及确认是否违反授权要求或相关法律规则,主管部门可向测试或应用主体发出书面通知,要求其在特定时间将自动驾驶车辆、测试或应用配套的设备、设施等交至指定地点进行测试,测试可由主管部门自行实施,也可由其指定的人实施。

第七节 国际组织

一、联合国

联合国自动驾驶法规标准是由联合国欧洲经济委员会(UNECE)主持制订或推动形成的规范自动驾驶发展和应用的国际法规标准,在全球范围内具有较广的适用范围和较大的影响力。

在联合国欧洲经济委员会,具体负责自动驾驶法规标准编制的机构主要是全球道路交通安全论坛(原道路交通安全工作组,英文简称为WP.1)和世界车辆法规协调论坛。全球道路交通安全论坛是联合国设立的一个专门致力于改善全球道路交通安全的常设机构,负责推动全球范围内道路交通安全治理观点和经验的交流,讨论联合国道路交通方面的公约的修订等。世界车辆法规协调论坛是联合国为协调各国机动车辆的制动器、碰撞性能等安全标准,以及与尾气、噪声等相关的环境标准,促进各国政府对汽车测试评价的相互认可等而设立的一个常设机构,负责机动车辆法规标准的编制。为了推进自动驾驶治理,后者根据联合国欧洲经济委员会内陆运输委员会(ITC)的决定在2018年6月成立了自动驾驶和网联车辆工作组(GRVA),主要由其负责开展有关自动驾驶法规标准的协调任务。此后,在该工作组中设立了多个专项工作小组,针对不同重点领域进行专项研究。

联合国自动驾驶法规标准是建立在联合国针对传统机动车辆的治理体系基础上的。该治理体系主要由《国际道路交通公约(维也纳)》《国际道路交通公约(日内瓦)》《道路标志与信号公约》等国际公约、《关于采用统一条件批准机动车辆、装备和部件并相互承认此批准的协定书》(简称《1958年协定书》)《关于对轮式车辆、安装和/或用于轮式车辆的装备和部件制定全球性技术法规的协定书》(简称《1998年协定书》)和《关于为轮式车辆定期技术检查采用统一条件以及此类检查结果相互认可的协定书》(简称《1997年协定书》)等国际协定以及作为前述协定附件的大量法规标准构成。

联合国自动驾驶法规标准主要包括《国际道路交通公约(维也纳)》(2015年修正案)、《关于高级别自动驾驶车辆应用的决议》(2018年)、《关于车辆转向装置认证的统一规定》(2018年修正案)、《自动驾驶汽车框架文件》(2019年)、《有关车辆网络安全和网络安全管理系统认证的统一规定》(2020年)、《有关车辆软件更新和软件更新管理系统认证的统一规定》(2020年)、《有关车辆自动车道保持系统认证的统一规定》(2020年)、《自动驾驶新评价测试方法:主文件》(2021年)以及《关于机动车辆先进紧急制动系统认证的统一规定》(2013年)等多个有关低级别自动驾驶的法规。其中,尽管《关于高级别自动驾驶车辆应用的决议》《自动驾驶汽车框架文件》和《自动驾驶新评价测试方法:主文件》并非法规标准文件,但都是推进联合国自动驾驶治理的重要框架性文件。

2023年3月,世界车辆法规协调论坛继2021年第一次修正后对《自动驾驶汽车框架文件》进行了第二次修正,完善了推进自动驾驶汽车法规建设的方案和进程安排。同年6月,对《自动驾驶系统安全评价指南》进行了修改完善。

二、欧盟

欧盟自动驾驶法规标准是指由欧盟委员会等欧盟机构制订的规范自动驾驶发展和应用的法规标准以及由欧洲标准化委员会(CEN)、欧洲电工标准化委员会(CENELEC)等欧洲标准机构制定的自动驾驶标准,仅在欧盟范围内适用,但在国际上也具有较大影响力。

在欧盟内,能够对自动驾驶车辆管理进行立法的机构是欧洲议会(The European Parliament)、欧盟理事会(The Council of the Europe Union)和欧盟委员会(European Commission),欧盟委员会下设的内部市场、工业、创业和中小企业总司(DG Grow)主要负责自动驾驶车辆法规标准的具体编制。受欧盟的委托,欧洲三大标准化机构欧洲标准化委员会、欧洲电工标准化委员会和欧洲电信标准研究所(ETSI)开展欧盟自动驾驶标准的研究编制。在欧洲标准化委员会内,由智能交通系统技术委员会(TC 278)和汽车技术委员会(TC 301)具体负责自动驾驶标准的研究编制。在欧洲电信标准研究所内,主要由智能交通系统技术委员会（TC ITS）具体负责自动驾驶标准的研究编制。

与联合国自动驾驶法规标准的情况类似，欧盟自动驾驶法规标准也是建立在欧盟针对传统机动车辆的治理体系基础上的。该治理体系主要由《关于对机动车及其挂车和应用于车辆的系统、部件、单独技术单元的认证和市场监督的欧洲议会和欧盟理事会法规》[(EU) 2018/858]和《关于就一般安全、车辆乘员和弱势道路使用者对机动车及其挂车和车辆上系统、部件、单独技术单元进行型式认证的要求》[(EU) 2019/2144]两个框架性法规、《关于机动车辆声级以及可替换消声系统，修订指令2007/46/EC并撤销指令70/157/EEC的欧洲议会及理事会法规》[(EU) 540/2014]等欧盟仍保留使用的自身独有技术法规、就环境保护、主动安全、被动安全等制定的诸多EC/EEC指令等单项技术指令以及欧洲标准化委员会等欧洲标准机构受欧盟委托制订的车辆技术标准等构成。

欧盟自动驾驶法规标准主要包括《关于就一般安全、车辆乘员和弱势道路使用者对机动车及其挂车和车辆上系统、部件、单独技术单元进行型式认证的要求》[(EU) 2019/2144]、《就全自动车辆自动驾驶系统型式认证统一程序和技术规范实施法规(EU) 2019/2144的细则》[(EU) 2022/1426]、《根据联合国欧洲经济委员会通过的车辆法规修正案涉及的技术进步和监管发展对欧洲议会和欧盟理事会法规(EU) 2019/2144进行修正的法规》[(EU) 2022/1398]、《就正常批量生产车辆、小批量生产车辆、小批量生产全自动驾驶车辆与特种车辆技术要求以及软件更新对欧洲议会和欧盟理事会法规(EU) 2018/858附件Ⅰ、Ⅱ、Ⅲ和Ⅳ进行修正的法规》[(EU) 2022/2236]、《一般数据保护条例》（GDPR）、《自动驾驶汽车认证豁免程序指南》《欧盟人工智能道德准则》以及《空间 道路智能交通系统（ITS）基于GNSS的定位的使用 第1部分：性能构建和评估的定义及系统工程程序》（EN 16803-1: 2020）、《智能交通系统地图数据文件GDF5.1 第2部分：应用于自动驾驶系统、协作式智能交通系统和多式联运中的地图数据》（EN ISO 20524-2:2022）、《道路运输和交通信息技术 专用短程通信 使用5.8GHz微波的物理层》（EN 12253: 2004）等多个标准。

2023年以来，欧盟也出台了《智能交通系统 智能交通系统站安保服务之可信装置间授权与可靠通话》（EN ISO 21177:2023）、《工业载货汽车 安全要求与验证 第4部分：无人驾驶工业载货汽车及其系统》（EN ISO 3691-4: 2023）等技术标准。同年12月，在经过数月的争论后，欧洲议会、欧盟理事会、欧盟委员会三方就2021年推出的《人工智能法案》的具体条款达成协议,欧盟的人工智能立法取得重大进展。自动驾驶是人工智能应用的主要领域之一,尽管未来的《人工智能法案》不能直接适用于自动驾驶,但后续的配套法规将会适用于自动驾驶。

三、国际标准化组织

国际标准化组织自动驾驶标准是由国际标准化组织制订的自动驾驶技术标准。尽管它不具有强制性,无特定的适用范围,仅供国际标准化组织的成员国、其他国际标准化机构等参考使用,但在全球范围内也具有较大的影响力。

国际标准化组织由许多国家的标准化机构组成,是世界上最大的国际标准化机构,其主要活动是制订国际标准,协调世界范围内的标准化工作,组织各成员国和技术委员会进行情报交流,以及与其他国际组织进行合作,共同研究有关标准化问题。在国际标准化组织内,主要由道路车辆技术委员会(ISO/TC 22)和智能交通系统技术委员会(ISO/TC 204)具体负责自动驾驶标准的研究编制。为了更好地协调两个委员会的工作,推进自动驾驶标准的研究编制,国际标准化组织还专门设立了自动驾驶特设小组(ADAG)。

国际标准化组织自动驾驶标准主要包括《智能交通系统 辅助停车系统 性能要求与测试程序》(ISO 16787:2017)、《智能交通系统 部分车道自动变换系统 功能/运行要求与测试程序》(ISO 21202:2020)等低级别自动驾驶标准、《智能交通系统 低速自动驾驶系统服务 第1部分:角色与功能模型》(ISO/TS 5255-1:2022)《智能交通系统 自动驾驶公交车辆互联传输和安全性能测试 第1部分:一般框架》(ISO/DIS 21734-1:2022)等高级别自动驾驶标准、《道路车辆 功能安全 第2部分:功能安全管理》(ISO 2626-2: 2018)、《道路车辆 预期功能安全》(ISO 21448:2019)等自动驾驶车辆安全标准、《道路车辆 扩展车辆网络服务 第1部分:内容》(ISO-20078-1: 2019)、《道路车辆 远程诊断支持信息》(ISO 20080:2019)等车联网标准、《智能交通系统 地理数据库参考定位 第1部分:一般要求和概念模型》(ISO 17572-1:2015)等地图定位标准、《乘用车 车辆动态仿真验证 正弦与保压稳定性控制测试》(ISO 19365:2016)等测试验证标准等。

2023年以来,国际标准化组织又推出了《道路交通安全 自动驾驶汽车安全伦理考虑指南》(ISO 39003:2023)、《自动驾驶系统的道路车辆试验场景 设计运行范围规范》(ISO 34503:2023)、《道路车辆 实现自动驾驶功能的传感器和数据融合单元之间的数据通信 逻辑接口》(ISO 23150:2023)、

《工业载货汽车　安全要求和验证　第4部分：无人驾驶工业载货汽车及其系统》（EN ISO 3691-4:2023）等多项标准。

此外，国际电信联盟（ITU）、国际电工委员会（IEC）、电气与电子工程师协会（IEEE）、国际汽车电子协会（AEC）、国际自动机工程师学会（SAE International）等国际技术组织也单独或联合其他国际组织就某些专业领域的问题研究编制了一些自动驾驶技术标准，如国际电信联盟编制的《自动驾驶车辆基于网络的驾驶辅助技术的功能架构》（ITU-T Y.4471—2021）、电气与电子工程师协会编制的《自动驾驶数据存储系统标准》（IEEE 1616.1—2023）等。这些标准对于全球范围内推动自动驾驶的发展和应用具有重要作用。

第五章
国内自动驾驶政策法规建设

近些年来,为了推动自动驾驶汽车的研发和市场化,规范自动驾驶汽车的发展和应用,我国坚持鼓励探索、包容失败、确保安全、反对垄断的原则,加快了自动驾驶汽车法规制度建设的步伐。

第一节 政　　策

一、概况

近些年来,为了鼓励和支持自动驾驶汽车的研发和市场化,推动自动驾驶汽车的健康发展,我国出台了不少的政策性文件。

2017年4月,工业和信息化部、发展和改革委员会、科学技术部联合印发《汽车产业中长期发展规划》,明确将智能网联汽车作为汽车产业发展的一个重要突破口,列入八大工程之一,提出到2020年,培育形成若干家进入世界前十的新能源汽车企业,智能网联汽车与国际同步发展,到2025年,新能源汽车骨干企业在全球的影响力和市场份额进一步提升,智能网联汽车进入世界先进行列,提出发布实施节能与新能源汽车、智能网联汽车技术路线图,明确发展智能网联汽车的两大任务:加大智能网联汽车关键技术攻关、开展智能网联汽车示范推广,确立了智能网联汽车发展的具体目标:2020年,汽车DA(驾驶辅助)、PA(部分自动驾驶)、CA(有条件自动驾驶)系统新车装配率超过50%,网联式驾驶辅助系统装配率达到10%,满足智慧交通城市建设需求,到2025年,汽车DA、PA、CA新车装配率达80%,其中PA、CA级新车装配率达25%,高度和完全自动驾驶汽车开始进入市场。该政策文件对自动驾驶汽车渗透应用做出规划。

2020年7月，国务院印发《新一代人工智能发展规划》，提出了面向2030年我国新一代人工智能发展的指导思想、战略目标、重点任务和保障措施，部署构筑我国人工智能发展的先发优势，加快建设创新型国家和世界科技强国。在智能运载工具方面明确提出，发展自动驾驶汽车和轨道交通系统，加强车载感知、自动驾驶、车联网、物联网等技术集成和配套，开发交通智能感知系统，形成我国自主的自动驾驶平台技术体系和产品总成能力，探索自动驾驶汽车共享模式，在智能汽车等新兴领域加快培育一批龙头企业。

2020年12月，工业和信息化部发布《促进新一代人工智能产业发展三年行动计划（2018—2020年）》，提出要重点培育和发展智能网联汽车等智能化产品，推动智能产品在经济社会的集成应用，支持车辆智能计算平台体系架构、车载智能芯片、自动驾驶操作系统、车辆智能算法等关键技术、产品研发，到2020年，建立可靠、安全、实时性强的智能网联汽车智能化平台，形成平台相关标准，支撑高度自动驾驶。

2018年12月，工业和信息化部印发《车联网（智能网联汽车）产业发展行动计划》，明确以网络通信技术、电子信息技术和汽车制造技术融合发展为主线，充分发挥我国网络通信产业的技术优势、电子信息产业的市场优势和汽车产业的规模优势，推动优化政策环境，加强跨行业合作，突破关键技术，夯实产业基础，形成深度融合、创新活跃、安全可信、竞争力强的车联网产业新生态，提出将充分发挥政策引领作用，分阶段实现车联网（智能网联汽车）产业高质量发展的目标，确定突破关键技术，推动产业化发展，完善标准体系，推动测试验证与示范应用等五大任务，提出包括加强组织领导、加大政策支持力度、构建产业生态体系、优化产业发展环境、健全人才培养体系和推进国际及港澳台交流合作在内的六项保障措施。

2019年9月，中共中央、国务院印发了《交通强国建设纲要》，提出要加强智能网联汽车（智能汽车、自动驾驶、车路协同）研发，形成自主可控的完整产业链。

2020年2月，发展和改革委员会、中央网络安全和信息化委员办公室、工业和信息化部等11部委联合发布《智能汽车创新发展战略》，指出智能汽车已成为全球汽车产业发展的战略方向，发展智能汽车对我国具有重要的战略意义，需要从关键技术、测试评价、应用示范、基础设施、网络通信、标准法规、质量监督、网络安全等方面确保2025年实现L2级自动驾驶规模化生产，L3级在特定环境下市场化应用，智能网联汽车进入世界先进列，确立了智能汽车发展需要构建协同开放的智能汽车技术创新体系、构建跨界融合的智能汽车产业生态体系、构建先进完备的智能汽车基础设施体系等六大主要任务。它还提出要完善扶持政策，为智能汽车的发展提供保障。一是研究制订相关管理标准和规则，出台促进道路交通自动驾驶发展的政策，引导企业规范有序参与智能汽车发展。二是利用多种资金渠道，支持智能汽车基础共性关键技术研发和产业化、智能交通及智慧城市基础设施重大工程建设等。三是强化税收金融政策引导，对符合条件的企业按现行税收政策规定享受企业所得税税前加计扣除优惠，落实中小企业和初创企业的财税优惠政策。四是利用金融租赁等政策工具，重点扶持新业态、新模式发展。

2020年12月，交通运输部发布《关于促进道路交通自动驾驶技术发展和应用的指导意见》，提出到2025年，自动驾驶基础理论研究取得积极进展，道路基础设施智能化、车路协同等关键技术及产品研发和测试验证取得重要突破；出台一批自动驾驶方面的基础性、关键性标准；建成一批国家级自动驾驶测试基地和先导应用示范工程，在部分场景实现规模化应用，推动自动驾驶技术产业化落地，确定了促进自动驾驶技术发展和应用的主要任务和保障措施。

2021年2月，中共中央、国务院印发《国家综合立体交通网规划纲要》，提出推进智能网联汽车（智能汽车、自动驾驶、车路协同）、智能化通用航空器应用，推动智能网联汽车与智慧城市协同发展，建设城市道路、建筑、公共设施融合感知体系，打造基于城市信息模型平台、集城市动态静态数据于一体的智慧出行平台。

2021年9月，工业和信息化部等8部门联合印发《物联网新型基础设施建设三年行动计划（2021—2023年）》，提出推动交通、能源、市政、卫生健康等传统基础设施的改造升级，将感知终端纳入公共基础设施统一规划建设，打造车联网（智能网联汽车）协同服务综合监测平台，加快智慧停车管理、自动驾驶等应用场景建设，推动城市交通基础设施、交通载运工具、环境网联化和协同化发展。

2021年12月，全国人大常委会修订了《科技进步法》，健全科技创新保障措施，完善国家创新体系，破除自主创新障碍因素，为推动自动驾驶政策的制定提供了直接依据。

2022年1月，交通运输部、科学技术部联合发布的《交通领域科技创新中长期发展规划纲要（2021—2035年）》，提出推动新能源车和智能网联汽车研发，突破高效安全纯电驱动、燃料电池与整车设计、车载智能感知与控制等关键技术及设备。同年8月，自然资源部办公厅印发《关于做好智能网联汽车高精度地图应用试点有关工作的通知》，在北京、上海、广州、深圳、杭州、重庆等6个城市开展首批智能网联汽车高精度地图应用试点，计划形成可在全国复制、推广的自动驾驶相关地图安全应用技术路径和示范模式。

2023年9月，交通运输部发布《关于推进公路数字化转型加快智慧公路建设发展的意见》，推动公路建设、养护、运营等全流程数字化转型，助力公路交通与产业链供应链深度融合，大力发展公路数字经济，为加快建设交通强国、科技强国、数字中国提供服务保障。

2024年1月，为推动网联云控基础设施建设，探索基于车、路、网、云、图等高效协同的自动驾驶技术多场景应用，加快智能网联汽车技术突破和产业化发展，工业和信息化部、公安部、自然资源部、住房城乡建设部、交通运输部下发《关于开展智能网联汽车"车路云一体化"应用试点工作的通知》，联合开展智能网联汽车"车路云一体化"应用试点工作。

此外，各地也出台了不少推动自动驾驶发展的政策性文件，如《北京市智能网联汽车创新发展行动方案（2019年—2022年）》（2018年）、《北京市智能网联汽车政策先行区总体实施方案》（2021年）、《上海市战略性新兴产业和先导产业发展"十四五"规划》（2021年）、《上海市综合交通发展"十四五"规划》（2021年）、《安徽省新能源汽车产业发展行动计划（2021—2023年）》（2021年）、《关于逐步分区域先行先试不同混行环境下智能网联汽车（自动驾驶）应用示范运营政策的意见》（广州，2021年）、《深圳市推进智能网联汽车高质量发展实施方案》（2022年）、《上海市加快智能网联汽车创新发展实施方案》（2022年）、《合肥市进一步促进新能源汽车和智能网联汽车推广应用若干政策》（2023年）、《北京市促进通用人工智能创新发展的若干措施》（2023年）、《深圳市促进新能源汽车和智能网联汽车产业高质量发展的若干措施》（2023年）等。

二、重要政策

1.《新一代人工智能发展规划》

国务院在2017年7月印发的《新一代人工智能发展规划》坚持科技引领、系统布局、市场主导、开源开放等基本原则，以加快人工智能与经济、社会、国防深度融合为主线，以提升新一代人工智能科技创新能力为主攻方向，构建开放协同的人工智能科技创新体系，把握人工智能技术属性和社会属性高度融合的特征，坚持人工智能研发攻关、产品应用和产业培育"三位一体"推进，全面支撑科技、经济、社会发展和国家安全。

该规划提出建立新一代人工智能关键共性技术体系，包括无人机自主控制以及汽车、船舶和轨道交通自动驾驶等智能技术，支撑无人系统应用和产业发展，大力发展人工智能新兴产业，包括发展自动驾驶汽车，探索自动驾驶汽车共享模式，在智能汽车等新兴领域加快培育一批龙头企业。

2.《智能汽车创新发展战略》

2020年2月10日，国家发展改革委等11部委联合印发《智能汽车创新发展战略》，对智能汽车的发展进行了顶层设计，绘制了未来智能汽车及相关产业发展、产业发展与社会应用的宏伟蓝图。这是国家首个专门针对智能汽车出台的政策文件，是今后一段时间内我国发展智能汽车的指导性、纲领性文件。

该政策文件明确了智能汽车发展的战略愿景：到2025年，中国标准智能汽车的技术创新、产业生态、基础设施、法规标准、产品监管和网络安全体系基本形成。实现有条件自动驾驶的智能汽车达到规模化生产，实现高度自动驾驶的智能汽车在特定环境下的市场化应用。智能交通系统和智慧城市相关设施建设取得积极进展，车用无线通信网络（LTE-V2X等）实现区域覆盖，新一代车用无线通信网络（5G-V2X）在部分城市、高速公路逐步开展应用，高精度时空基准服务网络实现全覆盖。

它提出了智能汽车发展的六大主要任务。一是构建协同开放的智能汽车技术创新体系。包括突破关键基础技术，完善测试评价技术，开展应用示范试点。二是构建跨界融合的智能汽车产业生态体系。包括增强产业核心竞争力，培育新型市场主体，创新产业发展形态，推动新技术转化应用。三是构建先进完备的智能汽车基础设施体系。包括推进智能化道路基础设施规划建设，建设广泛覆盖的车用无线通信网络，建设覆盖全国的车用高精度时空基准服务能力，建设覆盖全国路网的道路交通地理信息系统，建设国家智能汽车大数据云控基础平台。四是构建系统完善的智能汽车法规标准体系。包括健全法律法规，完善技术标准，推动认证许可。五是构建科学规范的智能汽车产品监管体系。包括加强车辆产品管理，加强车辆使用管理。六是构建全面高效的智能汽车网络安全体系。包括完善安全管理联动机制，提升网络安全防护能力，加强数据安全监督管理。

它提出五个方面的发展保障措施。一是加强组织实施，推进智能汽车创新发展重大政策、重大任务、重大工程实施，培育智能汽车创新发展平台等新型市场主体，推动落实战略部署的各项任务。组织相关领域知名专家学者和机构开展咨询服务，加强智力保障。二是完善扶持政策，研究制定相关管理标准和规则，利用多种资金渠道，支持智能汽车基础共性关键技术研发和产业化、智能交通及智慧城市基础设施重大工程建设等，利用金融租赁等政策工具，重点扶持新业态、新模式发展。三是强化人才保障。建立重大项目与人才引进联动机制，加大国际领军人才和骨干人才引进力度，推动汽车与信息通信、互联网等领域人才交流，加快培养复合型专家和科技带头人。四是深化国际合作，支持国内企业加快国际市场布局，增强海外研发能力，鼓励外资企业积极参与智能汽车产业发展。五是优化发展环境，加强产业投资引导，鼓励社会资本重点投向智能汽车关键技术研发等领域，加强知识产权保护，健全技术创新专利保护与标准化互动支撑机制。

3. 《关于促进道路交通自动驾驶技术发展和应用的指导意见》

2020年12月20日，为落实建设交通强国重大战略，把握全球科技和产业变革机遇，更好推动前沿技术赋能交通运输高质量发展，交通运输部印发《关于促进道路交通自动驾驶技术发展和应用的指导意见》，支持自动驾驶技术在交通运输领域落地应用，鼓励和引导自动驾驶技术的发展和应用。

该文件贯彻中央创新驱动发展战略，以关键技术研发为支撑，以典型场景应用示范为先导，以政策和标准为保障，按照"鼓励创新、多元发展、试点先行、确保安全"的原则，坚持问题导向，提出了四个方面、十二项具体任务。

一是加强自动驾驶技术研发。包括加快关键共性技术攻关、完善测试评价方法和测试技术体系、研究混行交通监测和管控方法、持续推进行业科研能力建设等，引导创新主体围绕融合感知、车路交互、高精度时空服务、智能路测系统、智能计算平台、网络安全、测试方法和工具、混行交通管理等进行攻关，不断健全技术体系。

二是提升道路基础设施智能化水平。包括加强基础设施智能化发展规划研究、有序推进基础设施智能化建设等，推动基础设施数字转型、智能升级，促进道路基础设施、载运工具、运输管理和服务、交通管控系统等互联互通。

三是推动自动驾驶技术试点和示范应用。包括支持开展自动驾驶载货运输服务、稳步推动自动驾驶客运出行服务、鼓励自动驾驶新业态发展等，鼓励按照从封闭场景到开放环境、从物流运输到客运出行的路径，深化技术试点示范。

四是健全适应自动驾驶的支撑体系。包括强化安全风险防控、加快营造良好政策环境、持续推进标准规范体系建设等，主动应对由自动驾驶技术应用衍生的安全问题，优化政策和标准供给，支持产业发展。

4. 《关于开展智能网联汽车"车路云一体化"应用试点工作的通知》

2024年1月17日，工业和信息化部、公安部、自然资源部、住房和城乡建设部、交通运输部等5部委联合发布《关于开展智能网联汽车"车路云一体化"应用试点的通知》，支持城市级车路云一体化应用试点，促进规模化示范应用和新型商业模式探索，推动智能网联汽车产业化发展。应用试点在技术、产品逐渐成熟的基础上，从"车路云一体化"技术落地和智能网联汽车规模应用两个维度开展更加深入的探索。

应用试点以"政府引导、市场驱动、统筹谋划、循序建设"为基本原则，聚焦智能网联汽车"车路云一体化"协同发展，推动建成一批架构相同、标准统一、业务互通、安全可靠的城市级应用试点项目，具体包括9方面内容。一是建设智能化路侧基础设施，实现试点城市通信基础设施全覆盖；实现交通信号机和交通标志标识等联网率90%以上；重点路口和路段同步部署路侧感知设备和边缘计算系统（MEC）。二是提升车载终端装配率，分类施策逐步提升车端联网率，试点运行车辆100%安装C-V2X车载终端；鼓励公共领域存量车进行C-V2X车载终端搭载改造，新车车载终端搭载率达到50%；鼓励试点城市内新销售具备L2级及以上驾驶自动化功能的量产车辆搭载C-V2X车载终端。三是建立城市级服务管理平台，建设云控基础平台，并能够与车端设备、路侧设备、边缘计算系统和其他交通、城市管理平台等实现安全接入和数据联通；建设或复用城市智能网联汽车安全监测平台。四是开展规模化示范应用，鼓励在限定区域内开展智慧公交、智慧乘用车、自动泊车、城市物流、自动配送等多场景应用试点。五是探索高精度地图安全应用，鼓励开展北斗高精度位置导航应用；开展高精度地图应用、资源采集及更新、高精度位置导航应用等先行先试和应用试点；构建地理信息安全防控技术体系。六是完善标准及测试评价体系，推动跨行业跨区域联合标准研究；构建"车路云一体化"场景数据库，提升智能网联汽车的模拟仿真、封闭场地、实际道路等测试验证能力，推动形成相应的测试评价体系。七是建设跨域身份互认体系，健全C-V2X直连通信身份认证基础设施，建立路侧设备和车辆接入网络的认证机制；支持跨车型、跨城市互联互认互通。八是提升道路交通安全保障能力，确保自动驾驶系统激活状态下，遵守道路交通相关法律法规；健全运行安全保障人员培训、考核及管理制度；建立交通违法、交通事故、安全员异常干预等安全事件研判机制。九是探索新模式新业态，明确"车路云一体化"应用试点的商业化运营主体，支持新型商业模式探索；鼓励数据要素流通与数据应用。

应用试点以城市为申请主体，主要对试点城市提出了建设智能化路侧基础设施、建立城市级服务管理平台、建设跨域身份互认体系、探索新模式新业态等要求，支持在城市全域内依靠所建设的网联基础设施和道路环境，提升车载终端装配率、探索高精度地图安全应用、开展规模化示范应用,同步完善标准及测试评价体系,提升道路交通安全保障能力,以加快促进"车路云一体化"智能网联汽车的规模化应用和产业化快速发展。

三、评析

当前,政策在自动驾驶汽车法规制度建设中居于主导地位,逐步确立自动驾驶的战略地位,确立了自动驾驶发展的愿景和目标,确定了自动驾驶发展的主要任务和保障措施,但也存在一些问题。

一是从政策主体上看,目前国家层面上有关自动驾驶汽车发展政策的专门性文件较少,仅有《智能汽车创新发展战略》《车联网(智能网联汽车)产业发展行动计划》《关于促进道路交通自动驾驶技术发展和应用的指导意见》等,其他基本上都是综合性政策性文件。

二是从政策内容上看,国家层面上的政策性文件多涉及产业规划、综合规划或技术规划性质的内容,有关鼓励和支持自动驾驶汽车发展的政策内容多在于保障措施,并未专门出台相关政策文件,未来需要更多有关鼓励和支持自动驾驶汽车发展方面的政策性文件。

三是从政策细化上看,国家层面上有关鼓励和支持自动驾驶汽车发展的政策呈现宏观规则多、微观规则少的情况。宏观倡导性的激励往往表述简单,内容较为空洞,在实际落实中可操作性较差。尽管宏观倡导性的政策具有较强的指导性和方向性,但需结合具体明确的配套措施才能更好地实现其目标。

四是从政策对象上看,重于市场,而忽视政府。市场和政府是资源配置的"两大抓手",二者不可偏废。但当前,自动驾驶产业政策的对象多为市场,在政策文件中多表述为"鼓励企业……""支持企业……""坚持市场主导"等文字,缺少主体为政府的政策,导致政府推动自动驾驶产业发展的积极性尚未被完全激发。

五是从政策应用上看,缺少方向、领域或场景的划分。自动驾驶发展和应用的领域较多,包括私人交通、公共交通、货运物流、厂矿企业、环境卫生、农业生产等,在不同的领域中也有不少不同的应用场景。目前的政策大多都应用于所有领域和场景,并未明确优先发展自动驾驶方向、领域或场景,也缺少有针对性的政策设计。

六是从政策创新上看,仍局限于一般性、常规性措施。鉴于自动驾驶的战略性地位,需要针对其发展的特点出台一些创新性政策,但目前的政策基本都还是一些一般性、常规性措施。

第二节 法　　规

一、概况

在出台诸多政策性文件的同时，国家也通过制修订法律、规章，制定规范性文件、政策性文件等逐步加快了自动驾驶立法的步伐。

2016年2月，为保障自动驾驶地图生产测试的顺利开展，原国家测绘地理信息局印发了《关于加强自动驾驶地图生产测试与应用管理的通知》，明确了自动驾驶地图属于导航电子地图的新型种类，对自动驾驶地图的生产测试与应用管理进行了规范。通知要求，自动驾驶地图数据的采集、编辑加工和生产制作必须由具有导航电子地图制作测绘资质的单位承担。在与汽车企业合作开展自动驾驶地图的研发测试时，导航电子地图制作单位必须单独从事相关测绘活动。各相关单位和企业对用于自动驾驶技术试验、道路测试的地图数据，应按涉密测绘成果进行管理，并采取有效措施确保数据安全，未经批准，不得对外提供和共享。

2018年4月，由工业和信息化部、公安部、交通运输部共同印发的《智能网联汽车道路测试管理规范（试行）》，就测试主体、测试车辆、测试驾驶人以及测试期间的管理提出了明确要求。在测试主体方面，规定了业务范围、单位性质、测试评估能力、责任赔偿能力、对车辆的控制监管能力、行驶过程记载和不违反法律法规等条件；在测试驾驶人方面，规定了测试驾驶员需签订劳动合同、通过严格的培训、无重大交通违规行为等几个方面的要求；在测试车辆方面，规定了车辆须在交管部门进行注册登记、安全检测、配备人工驾驶模式、行驶过程数据记录、封闭区域测试以及第三方机构进行安全评估等基本条件。在出现交通事故的责任承担方面，文件规定了责任认定原则和依据以及违规驾驶行为的处理办法，而且明确了交通事故发生后，当事人所应履行的义务以及测试企业应该向省、市级主管机构报送事故发生的具体情况。

2018年10月，工业和信息化部印发《车联网（智能网联汽车）直连通信使用5905-5925MHz频段管理规定（暂行）》，为基于"LTE-V2X"技术的车联网（智能网联汽车）直连通信划定了20兆赫（MHz）带宽的专用频率资源，对相关频率、台站、设备、干扰协调的管理作出了规定。同年11月，发布《道路机动车辆生产企业及产品准入管理办法》，以适应新形势发展，促进产业转型升级的需要，规范和完善机动车辆生产企业及产品的准入管理。根据该规章第二十四条的规定,鼓励道路机动车辆生产企业进行技术创新。因采用新技术、新工艺、新材料等原因,不能满足本办法规定的准入条件的,企业在申请道路机动车辆生产企业及产品准入时可以提出相关准入条件豁免申请。工业和信息化部应当评估其必要性、充分性,根据技术审查和评估结果,作出是否准入的决定。决定准入的,工业和信息化部可以设置准入有效期、实施区域等限制性措施。此规定明确,因采用新技术、新工艺、新材料等原因不能满足准入条件的,企业可提出相关准入条件豁免申请,为智能网联汽车、无人驾驶汽车等创新技术产品进入准入公告作了铺垫。

2021年3月,公安部发布了涉及自动驾驶有关规定的《道路交通安全法(修订建议稿)》,向社会公开征求意见。该修订建议稿明确了自动驾驶汽车的类型,允许自动驾驶汽车上路进行道路测试和通行,并对违法行为处理和事故责任分担进行了规定。

2021年6月,全国人大常委会通过《数据安全法》,明确数据安全保护的基本原则,确立了数据安全保护的基本制度,为自动驾驶数据安全保护制度的建立提供了直接法律依据。

2021年7月27日,工业和信息化部、公安部、交通运输部联合发布《智能网联汽车道路测试与示范应用管理规范(试行)》,取代了2018年发布的《智能网联汽车道路测试管理规范(试行)》,根据智能网联汽车发展的新形势、新问题,明确开展智能网联汽车道路测试与示范应用需要具备的条件和申请程序,完善了智能网联汽车道路测试管理制度,建立了智能网联汽车示范应用管理制度,为推动自动驾驶的落地运营提供了重要依据。

2021年7月30日,工业和信息化部发布《关于加强智能网联汽车生产企业及产品准入管理的意见》,明确要求企业应当建立健全汽车数据安全、网络安全管理制度,具备一定的软件升级管理能力,提高了保证产品生产一致性的要求,如备案、技术参数变更申报等,加强自动驾驶方面的功能使用信息提示等,以加强对智能网联汽车准入管理,压实企业主体责任,加强汽车数据安全、网络安全、软件升级、功能安全和预期功能安全管理,保证产品质量和生产一致性,推动智能网联汽车产业的高质量发展。

2021年8月16日,国家互联网信息办公室、国家发展和改革委员会、工业和信息化部、公安部、交通运输部联合发布《汽车数据安全管理若干规定(试行)》,倡导运营者在处理个人信息和重要数据过程中,坚持车内处理原则、匿名化处理原则、最小保存期限原则、精度范围适用原则、默认不收集原则等,要求运营者在中国境内设计、生产、销售、运维、管理汽车过程中,处理个人信息或重要数据时应当遵守相关法律法规和上述规定的相关要求，充分保护个人信息安全和合法权益，维护国家安全和社会公共利益，从数据安全方面为自动驾驶的发展指明了方向。同年8月20日，全国人大常委会通过《个人信息保护法》，明确个人信息保护的基本原则，确立了个人信息保护的基本制度，为自动驾驶涉及的个人隐私保护制度的建立提供了直接法律依据。

2022年4月，工业和信息化部装备工业发展中心发布《关于开展汽车软件在线升级备案的通知》，要求企业实施空中下载技术（OTA）升级活动，应当确保汽车产品符合国家法律法规、技术标准及技术规范等相关要求，保障汽车产品生产一致性。同年8月，自然资源部下发《关于促进智能网联汽车发展维护测绘地理信息安全的通知》，明确目前已在提供智能网联汽车售后和运营服务的企业，存在向境外传输相关空间坐标、影像、点云及其属性信息等测绘地理信息数据行为或计划的，应严格执行国家有关法律法规，依法履行对外提供审批或地图审核程序等，在此之前应停止数据境外传输行为。

2023年11月，根据加快智能网联汽车产品推广应用的形势需要，工业和信息化部、公安部、住房和城乡建设部、交通运输部联合下发《关于开展智能网联汽车准入和上路通行试点工作的通知》，部署开展L3级和L4级智能网联汽车市场准入和上路通行试点工作，建立了智能网联汽车产品试点准入制度，引导智能网联汽车生产企业和使用主体加强能力建设，在保障安全的前提下，促进产品的功能、性能提升和产业生态的迭代优化。

2023年11月，交通运输部印发《自动驾驶汽车运输安全服务指南（试行）》，确立了自动驾驶汽车运输管理原则和使用自动驾驶汽车从事运输经营原则，明确了使用自动驾驶汽车从事运输经营的具体场景及适用条件，初步建立了自动驾驶汽车运营管理制度，为规范自动驾驶落地运营提供了依据。

地方层面上，多地出台了有关自动驾驶管理的立法。2021年12月，上海市人民政府发布《上海市智能网联汽车测试与应用管理办法》，明确了管理机制，完善了测试与应用程序，加强了道路交通安全管理，强化了网络与数据安全保护，明确了相关法律责任。2022年7月，深圳市人大常委会通过了《深圳经济特区智能网联汽车管理条例》，对智能网联汽车的准入登记、上路行驶等事项作出具体规定。2022年11月，上海市人大常委会通过了《上海市浦东新区促进无驾驶人智能网联汽车创新应用规定》，规范和促进浦东新区无人驾驶智能网联汽车创新应用。2023年1月，无锡市人民代表大会常务委员会发布《无锡市车联网发展促进条例》，规范运用车联网支撑自动驾驶、智能交通、智慧城市等发展促进活动，促进车联网产业高质量发展。同年10月，苏州市人民代表大会常务委员会发布《苏州市智能车联网发展促进条例》，规范智能车联网产业的发展、基础设施建设、推广应用、安全保障等相关活动，促进智能车联网产业高质量发展。同年12月，阳泉市人民代表大会常务委员会发布《阳泉市智能网联汽车管理办法》，规范智能网联汽车道路测试、示范应用和示范运营以及相关活动，促进智能网联汽车产业高质量发展。同月，江苏省人民代表大会常务委员会发布《关于促进车联网和智能网联汽车发展的决定》，要求省政府加强对车联网和智能网联汽车发展的领导，制订促进发展政策，车联网先行先试区所在地的市、县（市、区）人民政府及其有关部门应当完善政策措施，推动车联网和智能网联汽车技术创新、产业集聚、标准完善、基础设施建设和场景应用，车联网和智能网联汽车行业协会应当加强行业自律，促进公平竞争和有序发展。此外，北京、武汉等地也在积极推进有关自动驾驶的立法。

与此同时，多地就自动驾驶道路测试和示范应用管理出台了行政规范性文件，如《济南市智能网联汽车道路测试与示范应用管理办法（试行）》（2021年）、《河南省智能网联汽车道路测试与示范管理办法（试行）》（2021年）、《重庆市智能网联汽车道路测试与应用管理试行办法》（2022年）、《天津市智能网联汽车道路测试与示范应用实施细则（试行）》（2022年）、《苏州市智能网联汽车道路测试与示范应用管理实施细则（试行）》（2022年）、《广东省智能网联汽车道路测试与示范应用管理办法（试行）》（2022年）、《上海市智能网联汽车示范运营实施细则》（2022年）、《上海市浦东新区促进无驾驶人智能网联汽车创新应用规定实施细则》（2023年）、《重庆市智能网联汽车准入和上路通行试点管理办法（试行）》（2024年）。

二、主要法规

1.《智能网联汽车道路测试与示范应用管理规范（试行）》

工业和信息化部、公安部、交通运输部在2018年4月联合发布的《智能网联汽车道路测试管理规范（试行）》对自动驾驶的发展发挥了积极的引导作用。但在道路测试工作开展过程中，也存在测试方案不统一、测试结果不互认、车路协同不到位等问题，行业企业也提出进一步放开高速公路、无安全员测试等需求。为适应行业新的发展需求，推动实现由道路测试向示范应用扩展，三部门对前述规范性文件进行了修订，在2021年7月27日发布了《智能网联汽车道路测试与示范应用管理规范（试行）》。

该行政规范性文件主要包括总则，道路测试与示范应用主体、驾驶人及车辆，道路测试申请，示范应用申请，道路测试与示范应用管理，交通违法与事故处理及附则等七个部分。

总则部分，主要明确了道路测试、示范应用及测试区（场）的定义，将道路测试和示范应用的范围扩展到包括高速公路在内的公路、城市道路和区域，并对省、市级相关主管部门的主要职责与工作机制进行了说明。

道路测试与示范应用主体、驾驶人及车辆部分，主要提出了测试主体的单位性质、业务范畴、事故赔偿能力、测试评价规程、远程监控能力、事件分析能力、网络安全保障能力及符合法律法规等8方面的要求，以及示范应用主体还需额外具备的智能网联汽车示范应用运营业务能力等要求，参照校车驾驶人规定提出了驾驶人的基本要求，明确了乘用车、商用车和专用作业车的注册登记、安全检验、操作模式以及数据记录等要求。

道路测试申请部分，要求测试主体在进行道路测试前，应进行充分的测试区（场）实车测试并符合相应标准规范和过程要求，测试主体应提供经相关主管部门确认的智能网联汽车道路测试安全性自我声明，提交自动驾驶功能等级声明、设计运行条件等12项相关材料，可凭上述材料向公安机关交通管理部门申领临时行驶车号牌。测试主体需增加测试车辆或在异地测试的，可凭原相关材料及需额外补充的材料，向当地主管部门申领临时行驶车号牌，到期的可根据要求重新申领。

示范应用申请部分，要求示范应用主体在进行示范应用前应以自动驾驶模式在拟进行示范应用的区域进行一定时间或里程的道路测试，可凭相关主管部门确认的安全性自我声明以及道路测试情况、示范应用方案、载人载货说明等7项材料，申领临时行驶车号牌；如需增加配置相同示范应用车辆的，须按规定提交必要性说明；到期的可根据要求重新申领。

道路测试与示范应用管理部分，主要明确省、市级政府相关主管部门负责测试和示范应用路段及区域选择、发布相关信息、对测试情况进行动态评估；道路测试和示范应用主体须采取必要措施降低风险并按照要求提交相关报告；驾驶人应处于车内能够对车辆进行及时接管控制的位置，必要时及时采取相应安全措施。

交通违法与事故处理部分，主要明确道路测试、示范应用主体应每月上报交通事故情况，发生严重事故情况应在要求时间内将事故情况上报省、市相关主管部门；相关主管部门应在规定时间内将事故情况上报工业和信息化部、公安部、交通运输部三部委。

附则部分，主要解释了本规范中智能网联汽车、自动驾驶、设计运行范围和设计运行条件定义。

2. 《道路机动车辆生产企业及产品准入管理办法》

2018年11月,为适应新形势新发展,促进产业转型升级,打通采用新技术、新工艺、新材料以及新生产方式的企业及产品准入通道,鼓励、促进技术创新和新兴产业生态形成,工业和信息化部发布《道路机动车辆生产企业及产品准入管理办法》。

该办法建立了针对新业态发展需要的新制度。一是建立新技术、新工艺、新材料评估制度,为智能网联汽车、无人驾驶汽车等创新技术产品进入《公告》作好铺垫。二是推行集团化管理改革,简化集团下属企业准入审查要求;允许具有相同生产资质的集团成员企业之间相互代工。三是针对汽车产业电动化、智能化、共享化等发展形势下产业链分工进一步细化的特点,允许符合规定条件的研发设计企业借用生产企业的生产能力申请准入。

3. 《关于加强智能网联汽车生产企业及产品准入管理的意见》

2021年7月30日,加强智能网联汽车生产企业及产品准入管理,明确汽车数据安全、网络安全、在线升级等管理要求,指导企业加强能力建设,严把产品质量安全关,切实维护公民生命、财产安全和公共安全,工业和信息化部发布《关于加强智能网联汽车生产企业及产品准入管理的意见》。

该意见明确企业应当建立健全汽车数据安全管理制度,依法履行数据安全保护义务,实施数据分类分级管理,加强个人信息与重要数据保护;要求企业应当建立汽车网络安全管理制度,具备保障汽车电子电气系统、组件和功能免受网络威胁的技术措施,具备汽车网络安全风险监测、网络安全缺陷和漏洞等发现和处置技术条件,确保车辆及其功能处于被保护的状态,保障车辆安全运行。

在准入管理方面,参考国际经验,该意见要求企业具有一定的管理能力,能对在线升级开展安全影响评估、测试验证、实施过程保障等工作,要确保车辆进行在线升级时处于安全状态,并向车辆用户告知在线升级的目的、内容、所需时长、注意事项等信息。

在保证产品生产一致性方面,一是提出备案要求,企业实施在线升级活动前,应当确保汽车产品符合国家法律法规、技术标准及技术规范等相关要求并向工业和信息化部备案。二是明确了技术参数变更申报要求,在线升级涉及安全、节能、环保、防盗等技术参数变更的应提前向工业和信息化部申报,完成产品的变更扩展。三是为保障具有自动驾驶功能的产品安全可靠,明确提出未经审批不得通过在线等软件升级方式新增或更新汽车自动驾驶功能。

此外,该意见还明确提出企业生产具有驾驶辅助和自动驾驶功能的汽车产品的，应当明确告知车辆功能及性能限制、驾驶员职责、人机交互设备指示信息、功能激活及退出方法和条件等信息。企业生产具有组合驾驶辅助功能的汽车产品的，还应采取脱手检测等技术措施，保障驾驶员始终在执行相应的动态驾驶任务。

4. 《车联网（智能网联汽车）直连通信使用5905～5925MHz频段管理规定（暂行）》

2018年10月，为促进智能网联汽车在我国的应用和发展，满足车联网中重要的无线电直连通信设备对无线电频率资源使用的需求，工业和信息化部印发《车联网（智能网联汽车）直连通信使用5905～5925兆赫（MHz）频段管理规定（暂行）》，明确把5905～5925兆赫（MHz）频段作为基于LTE-V2X技术的车联网直连通信的工作频段，与国际主流频段保持一致，鼓励地方先行先试，支持国家经济特区、新区等，按照适度超前、互联互通、安全高效、绿色智能的原则，在明确运营主体前提下，由各省实施无线电频率许可，路边设置的无线电设备要办理执照。该文件的发布对于促进我国智能网联汽车产品研发、标准制订及产业链成熟将起到重要先导作用。

5. 《关于开展智能网联汽车准入和上路通行试点工作的通知》

2023年11月，为加快智能网联汽车产品推广应用，保障智能网联汽车产品安全运行，推动产业融合发展，工业和信息化部、公安部、住房和城乡建设部和交通运输部联合发布《关于开展智能网联汽车准入和上路通行试点工作的通知》，在智能网联汽车道路测试与示范应用工作基础上，遴选具备量产条件的智能网联汽车产品，开展准入试点，对取得准入的产品，在限定区域内开展上路通行试点。尽管从性质上，该通知为政策性文件，但其实施指南中包含不少规范性内容，故在此将其列为法规性文件。

试点汽车生产企业取得智能网联汽车产品准入试点，需要经过两个环节：①通过准入测试与安全评估；②通过产品准入审批。

在准入测试与安全评估环节，工业和信息化部委托技术服务机构对试点汽车生产企业的产品测试与安全评估方案、实施、结果等进行评估。试点汽车生产企业应当细化完善智能网联汽车产品的准入测试与安全评估方案，经工业和信息化部、公安部确认后，在省级主管部门和车辆运行所在城市政府部门监督下，开展产品测试与安全评估工作。

在产品准入审批环节，工业和信息化部依据道路机动车辆生产企业和产品准入管理有关规定，对通过产品测试与安全评估的试点汽车生产企业提交的产品准入申请进行审批。决定准入的，工业和信息化部应当按规定将智能网联汽车产品及其准入有效期、实施区域等限制性措施予以公告。

上路通行试点涉及车辆登记、运输经营等。取得准入的智能网联汽车产品，可向车辆运行所在城市公安机关交通管理部门车辆管理所申请登记。车辆办理注册登记后，试点期间不得办理变更登记、转让登记、抵押登记等业务。使用车辆从事运输经营，应当具备相应业务类别的运营资质，并满足运营管理要求。对于班车运行等，不需要运营资质。

6.《自动驾驶汽车运输安全服务指南（试行）》

《自动驾驶汽车运输安全服务指南（试行）》聚焦应用场景、自动驾驶运输经营者、运输车辆、人员配备、安全保障、监督管理等影响运输安全的核心要素，明确在现行法律法规框架下使用自动驾驶汽车从事运输经营活动的基本要求，引导自动驾驶运输服务健康有序发展，最大限度防范化解运输安全风险，切实保障人民群众生命财产安全。

该指南包括适用范围、基本原则、应用场景、自动驾驶运输经营者、运输车辆、人员配备、安全保障和监督管理等8部分。

第一部分为适用范围，明确《指南》适用于在城市道路、公路等社会机动车通行的各类道路上，使用自动驾驶汽车从事城市公共汽电车客运、出租汽车客运、道路旅客运输、道路货物运输经营活动的管理指引。

第二部分为基本原则，包括自动驾驶汽车运输管理原则和使用自动驾驶汽车从事运输经营原则。

第三部分为应用场景，主要是结合当前自动驾驶汽车发展水平、示范应用情况、各领域安全生产特点和安全管理需要，分为城市公共汽电车、出租汽车、道路客运、道路货运等领域，明确了使用自动驾驶汽车从事运输经营的具体场景及适用条件。

第四部分为自动驾驶运输经营者、第五部分为运输车辆、第六部分为人员配备，主要明确了相关经营主体应满足的经营资质条件，自动驾驶车辆应具备的运营资质条件及车辆保险要求，从事城市公共汽电车客运、出租汽车客运、道路旅客运输、道路货物运输经营的自动驾驶汽车随车驾驶员或安全员的配备标准和相关要求。从鼓励支持技术创新和产业发展的角度，明确满足一定要求的从事出租汽车客运的完全自动驾驶汽车可以使用远程安全员。

第七部分为安全保障，主要包括六个方面。一是安全生产制度，主要是保障自动驾驶运输经营者落实安全生产主体责任，明确运营安全管理制度体系。二是运输安全保障，主要是指导自动驾驶运输经营者做好安全风险源头管控。三是运行状态信息管理，主要是为车辆故障和安全事故调查溯源提供支撑。四是车辆动态监控，主要是防止违法违规行为引发安全事故。五是安全告知，主要是提升乘客安全乘车及紧急情况下的应急逃生能力，对乘客进行安全教育。六是应急处置，针对性地提升自动驾驶经营者突发事件应急处置能力。

第八部分为监督管理，主要明确了日常监督和重大隐患整改要求，建立信息反馈机制，将运输服务环节发现的技术问题反馈到自动驾驶车辆设计制造环节，有利于从源头上消除车辆安全隐患，提升自动驾驶汽车安全性能。同时明确地方交通运输主管部门应对本地自动驾驶运营服务情况开展监测，省级交通运输主管部门应每年年底前向交通运输部报告相关情况。

7.《道路交通安全法（修订建议稿）》

《道路交通安全法（修订建议稿）》在第一百五十五条针对具有自动驾驶功能的汽车进行道路测试与通行以及自动驾驶车辆违法行为和事故责任，作出了相关要求及规定。

在自动驾驶道路测试和通行条件方面，要求具有自动驾驶功能的汽车开展道路测试应在封闭道路、场地内测试合格，取得临时行驶车号牌，并按规定在指定时间、区域、路线通行。经测试合格的，依照相关法律规定准予生产、进口、销售，需要上道路通行的应当申领机动车号牌。

在自动驾驶测试和通行管理方面，要求具有自动驾驶功能且具备人工直接操作模式的汽车开展道路测试或上道路通行时，应当实时记录行驶数据；驾驶人应当处于车辆驾驶座位上，监控车辆运行状态及周围环境，随时准备接管车辆。

在自动驾驶违法行为及事故处理方面，规定发生道路交通安全违法行为或交通事故的，应依法确定驾驶人、自动驾驶系统开发单位的责任,并依照有关法律、法规确定损害赔偿责任；构成犯罪的，依法追究刑事责任。

此外，具有自动驾驶功能但不具备人工直接操作模式的汽车上路通行的，将由国务院有关部门另行规定。

同时，自动驾驶功能应当经具有相应资质的从事汽车相关业务的第三方检测机构检测合格。

8.《深圳经济特区智能网联汽车管理条例》

2022年6月23日，深圳市第七届人民代表大会常务委员会第十次会议通过了《深圳经济特区智能网联汽车管理条例》，自2022年8月1日起施行，是国内首部关于智能网联汽车管理的法规。该法规全面贯彻党中央战略部署，在与国家法律、法规、规章相衔接的基础上，对智能网联汽车管理从道路测试、示范应用到准入登记、使用管理、交通违法及事故处理、法律责任等进行全链条规定。

道路测试和示范应用方面，该法规在尽力保障安全的前提下，为道路测试和示范应用活动提供便利，同时鼓励有条件的企业进行技术创新。规定深圳市交通运输部门应当会同市工业和信息化部门、市公安机关交通管理部门建立联合工作机制，根据本条例和国家有关规定，制定深圳市道路测试和示范应用的具体办法，并组织实施。授权市人民政府可以选择车路协同基础设施较为完善的行政区，全域开放道路测试、示范应用，且将审批权限下放给全域开放的区相关主管部门。鼓励有条件的智能网联汽车相关企业建设道路和交通场景仿真模拟平台，对智能网联汽车的自动驾驶系统进行仿真测试和技术验证。

准入和登记方面，规定市工业和信息化部门应当根据技术成熟程度和产业发展需要，组织制订智能网联汽车产品地方标准，根据生产者的申请，将符合地方标准的智能网联汽车产品列入深圳市智能网联汽车产品目录。同时，鼓励智能网联汽车相关行业协会参考国际先进标准，组织智能网联汽车和相关行业的企业、机构，制定引领性、创新性的智能网联汽车产品及相关团体标准，报市工业和信息化部门备案，并通过相关标准信息平台向社会公布。智能网联汽车产品不符合相关标准，未列入国家汽车产品目录或者深圳智能网联汽车产品目录，禁止在深圳市销售、登记。市工业和信息化部门可以对准入的智能网联汽车产品设置适用范围、应用场景等限制。

使用管理方面，规定了智能网联汽车的安全提示规则，要求智能网联汽车生产者应当为车辆配置自动驾驶模式外部指示灯，智能网联汽车在自动驾驶模式下行驶时应当开启外部指示灯，向道路上的其他车辆和行人发出明显的安全提示。明确了智能网联汽车驾驶人的接管义务，规定有条件自动驾驶和拥有高度自动驾驶智能网联汽车的驾驶人，在自动驾驶系统提出动态驾驶任务接管请求时，应当响应接管请求并立即接管车辆。强化了智能网联汽车的售后服务责任，规定智能网联汽车产品生产者、销售者应当建立健全产品售后服务机制，在车辆发生或者可能发生危及人身、财产安全的重大故障或者紧急状况时，按照车辆所有人、管理人、驾驶人或者乘客的要求，提供及时、全面的技术支持或者救援服务，保障其人身、财产安全。

车路协同基础设施建设方面，规定市、区人民政府可以结合智能网联汽车通行需要，统筹规划、配套建设智能网联汽车通用的通信设施、感知设施、计算设施等车路协同基础设施。

网络安全和数据保护方面，规定市网信部门统筹协调全市智能网联汽车的网络安全风险监督管理工作，市网信部门应当统筹协调、督促指导相关政府部门制定智能网联汽车网络安全事件应急预案，智能网联汽车相关企业应当依法取得网络关键设备和网络安全专用产品的安全检测认证，依法制订网络安全事件应急预案，应当依照国家相关规定，制订数据安全管理制度和隐私保护方案，并将存储数据的服务器设在中国境内，未经批准，不得向境外传输、转移相关数据信息，禁止利用智能网联汽车非法收集、处理、利用个人信息、与本车辆行驶和交通安全无关的信息和涉及国家安全的信息。

交通违法和事故处理方面，参照现行法律法规的规定，借鉴其他国家的经验，按照责任主体及其行为模式，将交通违法和交通事故的处理分别进行规定，对于上位法无法直接适用的情形，根据权利义务相适应的原则，运用经济特区立法权进行一定程度的创新。车内有驾驶人的智能网联汽车发生交通违法或者有责任的事故，由驾驶人承担违法和赔偿责任。完全自动驾驶的智能网联汽车在无人驾驶期间发生交通违法或者有责任的事故时，原则上由车辆所有人、管理人承担违法和赔偿责任，但对违法行为人的处罚不适用驾驶人记分的有关规定。交通事故中，因智能网联汽车存在缺陷造成损害的，车辆驾驶人、所有人、管理人依照上述规定赔偿后，可以依法向生产者、销售者请求赔偿。

三、评析

国家通过前述法律法规、行政规范性文件、政策性文件等在不断推进多种自动驾驶法规制度建设，在市场准入管理、道路测试和示范应用管理、通信管理、测绘管理、数据保护等法律制度的建立和完善上取得了不少进展，但与自动驾驶发展和应用的需求尚存在较大差距。

一是自动驾驶的合法地位仍未确立。对确立自动驾驶合法地位比较关键的《中华人民共和国道路交通安全法》仍在修订中，而现行的有关道路交通管理、运输管理、公共交通、出租汽车管理等方面的法律制度都是针对传统机动车的，与自动驾驶不具有兼容性，自动驾驶从法律上并未被纳入到现行法律制度体系中。

二是自动驾驶的技术准入制度并未建立。自动驾驶具有较强的技术性，技术准入制度是建立交通管理、运输管理、公共交通管理、出租汽车管理等方面的制度基础，由于缺少必要的技术标准支撑，现无法按照传统机动车的准入模式建立自动驾驶的技术准入制度，《道路机动车辆生产企业及产品准入管理办法》虽然明确了可以建立豁免制度，但目前并未针对自动驾驶建立豁免制度。

三是交通管理、运输管理等各监管领域中的制度建设推进缓慢。由于自动驾驶汽车与传统机动车存在较大差异，一方面，交通管理、运输管理、公共交通管理、出租汽车管理等旧监管领域的法律制度需要进行调整或者构建，另一方面，测绘管理、通信管理、网络管理等新监管领域也已在构建。目前，这些领域中的制度建设推进都较慢。

四是针对低级别自动驾驶的监管制度建设不够。低级别自动驾驶监管制度也是自动驾驶监管制度的重要组成部分。由于驾驶员在车辆驾驶中仍处于主体地位，自适应巡航控制、车道居中辅助、车道保持辅助、主动驾驶辅助（Active Driving Assistance）等低级别自动驾驶的应用不存在法律障碍，且得到政策支持，近年来扩展迅速，但由于驾驶人的使用不当等因素，时有事故发生。目前，有关低级别自动驾驶的监管制度尚未引起足够重视，因此缺少一些必要的监管制度。

五是缺少无人配送车的运营监管制度。近年来无人配送车的应用正在快速扩展，带来不少新问题。无人配送车属于一种特殊的货物运输车辆，基于运输安全等方面的考虑，需要建立专门的运营监管制度。

六是部分地方立法的探索缺少相关法律授权。以上海为例，上海市人民代表大会及其常务委员会开展适用于上海市浦东新区的自动驾驶立法，依据的是全国人民代表大会常务委员会在2021年6月发布的《关于授权上海市人民代表大会及其常务委员会制定浦东新区法规的决定》。该决定授权上海市人民代表大会及其常务委员会根据浦东改革创新实践需要，遵循宪法规定以及法律和行政法规基本原则，制订浦东新区法规，在浦东新区实施，要求根据本决定制订的浦东新区法规，应当依照《中华人民共和国立法法》的有关规定分别报全国人民代表大会常务委员会和国务院备案。浦东新区法规报送备案时，应当说明对法律、行政法规、部门规章作出变通规定的情况。这种变通性立法授权能否支撑适用于上海市浦东新区的自动驾驶立法存在较大疑问，因为自动驾驶车辆的自主性决定了自动驾驶立法的变革性，仅通过对适用于传统机动车辆的法律规范进行变通性规定恐怕难以达到变革性的程度。

第三节 标 准

一、概况

近些年来，国家成立了专门负责自动驾驶标准制订的机构，逐步加快了国内自动驾驶标准建设的步伐。与此同时，也积极参与了国际自动驾驶标准的研制工作。

2015年底，受工业和信息化部委托，全国汽车标准化技术委员会启动智能网联汽车标准体系的建设工作。

2017年12月26日，国家标准委办公室通过复函同意成立全国汽车标准化技术委员会智能网联汽车分技术委员会。同年12月29日，工业和信息化部与国家标准化管理委员会联合印发了《国家车联网产业标准体系建设指南（智能网联汽车）》，提出分两个阶段建立标准体系，到2020年，初步建立能够支撑驾驶辅助及低级别自动驾驶的标准，到2025年，形成能够支撑高级别自动驾驶的标准，建立了由基础、通用规范、产品与技术应用、相关标准四个部分构成的智能网联汽车标准体系框架，确定要制订99项智能网联汽车的相关标准。

2018年4月，全国汽车标准化技术委员会智能网联汽车分技术委员会正式成立，主要负责汽车驾驶环境感知与预警、驾驶辅助、自动驾驶以及与汽车驾驶直接相关的车载信息服务领域国家标准制修订工作，由工业和信息化部负责日常管理和业务指导。同年5月，交通运输部印发了《自动驾驶封闭测试场地建设技术指南（暂行）》，规范自动驾驶封闭测试场地建设，指导各地各单位开展自动驾驶封闭场地建设，更好服务封闭场地测试工作及自动驾驶技术发展。同年8月，全国汽车标准化技术委员会智能网联汽车分技术委员会、中国智能网联汽车产业创新联盟联合发布《智能网联汽车自动驾驶功能测试规程（试行）》，规定了智能网联汽车自动驾驶功能检测项目的测试场景、测试方法及通过标准。

2021年3月，交通运输部会同工业和信息化部、国家标准化管理委员会联合印发《国家车联网产业标准体系建设指南（智能交通相关）》。作为《国家车联网产业标准体系建设指南》的重要组成部分，该指南提出将针对车联网技术和产业发展现状、未来发展趋势及智能交通行业发展实际，聚焦营运车辆和基础设施领域，建立支撑车联网应用和产业发展的智能交通相关标准体系，分阶段出台一批关键性、基础性智能交通标准，确立了近期智能交通标准体系建设的目标：到2022年年底，制修订智能交通基础设施、交通信息辅助等领域智能交通急需标准20项以上，初步构建起支撑车联网应用和产业发展的标准体系；到2025年，制修订智能管理和服务、车路协同等领域智能交通关键标准20项以上，系统形成能够支撑车联网应用、满足交通运输管理和服务需求的标准体系。

2021年8月，国家市场监督管理总局、国家标准化管理委员会批准发布了推荐性国家标准《汽车驾驶自动化分级》（GB/T 40429—2021），规定了汽车驾驶自动化分级遵循的原则、分级要素、各级别定义和技术要求框架，旨在解决我国汽车驾驶自动化分级的规范性问题。该标准确定了6个等级的汽车驾驶自动化分类，适用于具备自动驾驶功能的M类（至少有4个车轮并且用于载客的机动车辆）、N类（至少有4个车轮并且用于载货的机动车辆）汽车。

2022年2月，工业和信息化部发布《车联网网络安全和数据安全标准体系建设指南》，明确了车联网网络安全和数据安全标准建设的项目及其实施计划。同年10月，国家市场监督管理总局与国家标准化管理委员会发布《信息安全技术 汽车数据处理安全要求》（GB/T 41871—2022），该标准为推荐性国家标准，自2023年5月1日正式生效。同月，由我国牵头制订的首个自动驾驶测试场景领域国际标准《道路车辆自动驾驶系统测试场景词汇》（ISO 34501: 2022）正式发布。

2023年3月，自然资源部发布《智能汽车基础地图标准体系建设指南（2023版）》，从基础通用、生产更新、应用服务、质量检测和安全管理等方面，对智能汽车基础地图标准化提出原则性指导意见，推动智能汽车基础地图及地理信息与汽车、信息通信、电子、交通运输、信息安全、密码等行业领域协同发展，逐步形成适应我国技术和产业发展需要的智能汽车基础地图标准体系。

2023年5月，工业和信息化部发布两项涉及自动驾驶的强制性国家标准《汽车整车信息安全技术要求》和《智能网联汽车自动驾驶数据记录系统》的征求意见稿，向社会公开征求意见。同年6月，国家市场监督管理总局与国家标准化管理委员会发布了《智能运输系统智能驾驶电子道路图数据模型与表达第1部分：封闭道路》（GB/T 42517.1—2023）和《智能运输系统智能驾驶电子道路图数据模型与表达第2部分：开放道路》（GB/T 42517.2—2023）两项推荐性国家标准，自2023年12月1日起实施。

2023年7月18日，工业和信息化部、国家标准化管理委员会联合修订发布《国家车联网产业标准体系建设指南（智能网联汽车）（2023版）》，提出根据智能网联汽车技术现状、产业需要及未来发展趋势，分阶段建立适应我国国情并与国际接轨的智能网联汽车标准体系，到2025年，制修订100项以上智能网联汽车相关标准，涵盖组合驾驶辅助、自动驾驶关键系统、网联基础功能及操作系统、高性能计算芯片及数据应用等标准，并贯穿功能安全、预期功能安全、网络安全和数据安全等安全标准，满足智能网联汽车技术、产业发展和政府管理对标准化的需求。

2023年9月，交通运输部发布《公路工程设施支持自动驾驶技术指南》（JTG/T 2430—2023），作为公路工程推荐性行业标准，自2023年12月1日起施行。

此外，已制订发布的自动驾驶相关标准还包括《道路车辆功能安全 第1部分：术语》（GB/T 34590.1—2017）、《道路车辆功能安全 第2部分：功能安全管理》（GB/T 34590.2—2017）、《道路车辆先进驾驶辅助系统（ADAS）术语及定义》(GB/T 39623—2020)、《乘用车车道保持辅助（LKA）系统性能要求及试验方法》(GB/T 39323—2020)、《汽车用超声波传感器总成》(GB/T 41484—2022)、道路车辆功能安全系列标准（2022年）等。

目前，国家正在积极实施新版智能网联汽车标准体系，大力推进功能安全、网络安全、操作系统等标准的研制工作，以发挥标准的引领作用。

此外，不少地方也探索制订了一些自动驾驶技术标准，如上海市发布的《自动驾驶开放测试道路环境分级规范》(DB31/T 1264—2020)、浙江发布的《智能网联汽车道路基础地理数据规范》(DB33/T 2391—2021)、重庆发布的《智能网联汽车道路测试远程监控系统技术规范》(DB50/T 1290—2022)、湖南发布的《智能网联汽车云控平台运营服务规范》(DB43/T 2291—2022)和《智能网联汽车自动驾驶功能测试规程 第1部分：公交车》(DB43/T 2292.1—2022)、北京发布的《自动驾驶地图特征定位数据技术规范》(DB11/T 1880—2021)、《自动驾驶地图数据规范》(DB11/T 2041—2022)和《自动驾驶车辆封闭试验场地技术要求》(DB11/T 2050—2022)等。

二、存在的问题

前述标准的出台为自动驾驶的标准体系建设提供了较好基础，为低级别自动驾驶的法律规制提供了一定支撑，但从总体上看自动驾驶标准建设仍存在一些问题，距离自动驾驶汽车发展和应用的需求还有较大差距。

一是主要以自动驾驶基础性标准为主。目前出台的多项标准大多为自动驾驶基础性标准，低级别自动驾驶标准较少，缺少自动驾驶测试和安全评价方面的标准，根本无高级别自动驾驶标准，特别是有关自动驾驶系统方面的标准，难以为自动驾驶的法律规制提供必要的支撑。

二是推荐性标准居多，强制性标准非常少。目前出台的标准中，大多数为推荐性标准，缺少必要的强制性标准。推荐性标准也无法为自动驾驶的法律规制提供必要的支撑。

三是缺少无人配送车方面的标准。尽管可能与自动驾驶乘用车、载货汽车、客车等存在一定差异，但无人配送车也属于一种货物运输车辆，对无人配送车的法律规制也是自动驾驶法律规制的一个组成部分，也需要建立一套技术标准支撑体系。

四是缺少路侧自动驾驶辅助设施方面的标准。目前自动驾驶标准建设集中在车侧，而按照车路协同的技术路线，自动驾驶也需要安装在道路上的设备设施的协助。对公路等进行智慧化改造，也需要相关的技术标准。

第六章
自动驾驶法规制度框架体系

第一节 体系构建的基础、思路和原则

一、体系构建的基础

自动驾驶汽车在很大程度上可以看作是自动驾驶系统与电动汽车的组合品，它与传统汽车有许多共通之处，现行道路交通运输法律制度的许多内容都可以适用于自动驾驶汽车，构建自动驾驶法规框架体系需要以前述法律制度为基础。

现行道路交通运输法律制度主要由车辆市场管理制度、道路交通管理制度、道路运输经营管理制度、车辆维修管理制度等组成。

车辆市场管理制度由《中华人民共和国产品质量法》《中华人民共和国大气污染防治法》《中华人民共和国节约能源法》《中华人民共和国行政许可法》《国务院对确需保留的行政审批项目设定行政许可的决定》《中华人民共和国认证认可条例》《中华人民共和国道路运输条例》《道路机动车辆生产企业及产品准入管理办法》《汽车销售管理办法》《缺陷汽车产品召回管理条例》等法律法规以及大量机动车辆技术标准建立，主要包括车辆市场准入制度、车辆销售管理制度和汽车产品召回管理制度。车辆市场准入制度方面，从事道路机动车辆的生产和销售都应当经过准入。根据《道路机动车辆生产企业及产品准入管理办法》第五条的规定，企业从事道路机动车辆生产，应当具备以下条件：①具有法人资格；②按照国家有关投资管理规定完成投资项目手续并建设完成；③有与从事生产活动相适应的场所、资金和人员等；④有与从事生产活动相适应的产品设计开发能力、生产能力、生产一致性保证能力、售后服务保障能力等；⑤法律、行政法规、规章规定的其他条件。根据《中华人民共和国大气污染防治法》《中华人民共和国认证认可条例》《中华人民共和国道路运输条例》《道路机动车辆生产企业及产品准入管理办法》《道路运输车辆燃料消耗量检测和监督管理办法》等法律法规的相关规定，道路机动车辆市场准入包括工业和信息化部实施的汽车产品公告、市场监管总局实施的强制性产品认证和生态环境部实施的环保型式核准目录，对于道路运输车辆，还包括交通运输部实施的道路运输车辆燃料消耗量达标车型公告。根据《汽车销售管理办法》的相关规定，供应商、经销商销售汽车、配件及其他相关产品应当符合国家有关规定和标准，不得销售国家法律、法规禁止交易的产品。根据《缺陷汽车产品召回管理条例》的相关规定，对存在缺陷的汽车产品，生产者应当依法进行召回。

道路交通管理制度由《中华人民共和国道路交通安全法》《中华人民共和国道路交通安全法实施条例》《机动车登记规定》《机动车驾驶证申领和使用规定》《道路交通安全违法行为处理程序规定》《道路交通事故处理程序规定》等法律法规以及相关机动车辆技术标准建立，主要包括车辆管理制度、车辆驾驶人管理制度、道路通行管理制度、道路交通安全违法行为处理制度和道路交通事故处理制度。其中，车辆管理制度又包括车辆登记制度、车辆牌证制度、车辆检验制度、车辆保险制度和车辆报废制度。

道路运输管理制度由《中华人民共和国道路运输条例》《城市公共汽车和电车客运管理规定》《巡游出租汽车经营服务管理规定》《网络预约出租汽车经营服务管理暂行办法》《出租汽车驾驶员从业资格管理规定》《交通运输行政执法程序规定》《道路运输车辆技术管理规定》等法律法规以及相关技术标准建立，主要包括道路客货运管理制度、城市公共交通管理制度、出租汽车管理制度、道路运输车辆技术管理制度等。

车辆维修管理制度主要由《机动车维修管理规定》建立，包括维修经营备案制度、维修经营管理制度、维修质量管理制度。维修经营备案制度方面，从事机动车维修经营业务的，应当在依法向市场监督管理机构办理有关登记手续后，向所在地县级交通运输主管部门进行备案。维修经营管理制度方面，机动车维修经营者应当按照备案的经营范围开展维修服务，不得擅自改装机动车，不得承修已报废的机动车，不得利用配件拼装机动车。维修质量管理制度方面，机动车维修经营者应当按照国家、行业或者地方的维修标准规范和机动车生产、进口企业公开的维修技术信息进行维修。

二、体系构建的思路和原则

根据自动驾驶汽车研发和商业化的法规制度需求，针对当前国内自动驾驶汽车法规制度存在的问题及不足，充分考虑自动驾驶汽车与传统汽车的共性和个性，以现行国家有关汽车管理的政策、法规、标准为基础，借鉴国外先进做法和经验，构建了一整套涵盖政策、法规、标准在内的自动驾驶汽车法规制度框架体系。

在体系构建中，坚持了鼓励创新、确保安全和包容审慎的基本原则。根据社会对自动驾驶汽车的接受程度以及自动驾驶汽车应用的需求，鼓励企业在自动驾驶汽车研发和应用上积极创新。充分考虑影响道路运输自动驾驶汽车安全的各种因素，将应对这些因素的措施作为构建前述制度的主要内容，确立安全在制度建设中的核心地位。在确保自动驾驶运行安全的前提下，在现行制度框架下，研究制订相对放宽的技术规范体系，分类、逐步推进自动驾驶汽车管理制度建设。

第二节 体 系 构 成

自动驾驶汽车法规制度体系由自动驾驶汽车生产和交易法规制度子体系、自动驾驶汽车无线通信法规制度子体系、自动驾驶汽车测绘法规制度子体系、自动驾驶汽车交通安全法规制度子体系、自动驾驶汽车运输法规制度子体系、智能道路法规制度子体系、隐私和数据以及网络安全保护法规制度子体系七个子体系构成。该体系具有范围广、跨度大、涉及部门多等突出特点。

一、自动驾驶汽车生产和交易法规制度子体系

1. 基本构成（图6-1）

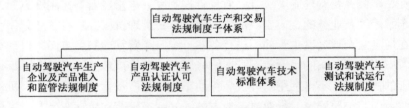

图6-1 自动驾驶汽车生产和交易法规制度子体系基本构成

2. 项目内容

（1）自动驾驶汽车生产企业及产品准入监管法规制度

①规范自动驾驶汽车生产企业及产品准入的规章或行政规范性文件，如《自

动驾驶汽车生产企业及产品准入管理规定》或《自动驾驶汽车生产企业及产品准入管理准则》。

②规范自动驾驶汽车生产监管的规章或行政规范性文件。

③规范自动驾驶汽车销售、进口监管的规章或行政规范性文件。

④建立自动驾驶汽车产品豁免制度的法律。

⑤鼓励和支持自动驾驶汽车发展的投融资管理、财政支持、税收减免、知识产权保护政策。

⑥指导妥善处理自动驾驶系统设计中伦理问题的政策。

（2）自动驾驶汽车产品认证认可法规制度

明确对自动驾驶汽车产品实施强制认证，规范自动驾驶汽车安全评估、自动驾驶汽车产品认证认可的行政规范性文件。

（3）自动驾驶汽车技术标准体系

规范自动驾驶汽车软硬件及整车设计、制造等国家标准、行业标准等。

（4）自动驾驶汽车测试和试运行法规制度

①规范自动驾驶汽车测试和试运行的规章、行政规范性文件以及技术标准。

②鼓励和支持自动驾驶汽车测试和试运行的政策。

二、自动驾驶汽车无线通信法规制度子体系

1. 基本构成（图6-2）

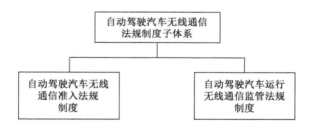

图6-2 自动驾驶汽车无线通信法规制度子体系基本构成

2. 项目内容

（1）自动驾驶汽车无线通信准入法规制度

规范自动驾驶汽车无线通信准入的法律、法规、规章、行政规范性文件以及相关标准。

（2）自动驾驶汽车运行无线通信监管法规制度

规范自动驾驶汽车运行无线通信准入的法律、法规、规章、行政规范性文件

以及相关标准。

三、自动驾驶汽车测绘法规制度子体系

1. 基本构成（图6-3）

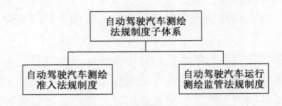

图6-3 自动驾驶汽车测绘法规制度子体系基本构成

2. 项目内容

（1）自动驾驶汽车测绘准入法规制度

规范自动驾驶汽车测绘准入的法律、法规、规章、行政规范性文件以及相关标准。

（2）自动驾驶汽车运行测绘监管法规制度

①规范自动驾驶汽车运行测绘监管的法律、法规、规章、行政规范性文件以及相关标准。

②引导、支持和规范高精地图众包模式应用和发展的政策。

四、自动驾驶汽车交通安全法规制度子体系

1. 基本构成（图6-4）

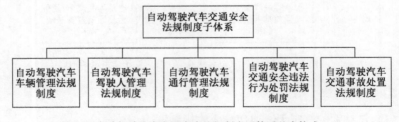

图6-4 自动驾驶汽车交通安全法规制度子体系基本构成

2. 项目内容

（1）自动驾驶汽车车辆管理法规制度

①规范自动驾驶汽车登记、牌证、安全检验、改装、转让、报废等的法律或

规章。

②规范不同级别的自动驾驶汽车强制保险和商业保险的法律、政策。

③适用于自动驾驶汽车运行的安全技术标准体系。

（2）自动驾驶汽车驾驶人（使用人）管理法规制度

规定有条件自动驾驶汽车（人机共驾）驾驶人、远程监控自动驾驶汽车监控人员准入条件、主管机关、程序以及前述人员的驾驶义务，规定高度自动驾驶汽车、完全自动驾驶汽车使用人须具备的条件以及车辆使用义务的法律或规章。

（3）自动驾驶汽车通行管理法规制度

①规定适用于自动驾驶汽车运行的道路交通条件、交通信号、通行规则等法律或规章。

②指导自动驾驶汽车安全使用的政策性文件。

（4）自动驾驶汽车交通安全违法行为处罚法规制度

设定自动驾驶汽车交通安全违法行为，规范自动驾驶汽车交通安全违法行为处罚的法律或规章。

（5）自动驾驶汽车交通事故处置法规制度

规定自动驾驶汽车交通事故归责原则、现场处置、损害赔偿、处理程序等法律或规章。

五、自动驾驶汽车运输法规制度子体系

1. 基本构成（图6-5）

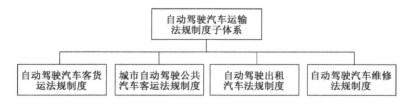

图6-5 自动驾驶汽车运输法规制度子体系基本构成

2. 项目内容

（1）自动驾驶汽车客货运法规制度

①规范自动驾驶汽车客货运车辆、从业人员、从业单位、场站准入，自动驾驶汽车客货运及场站经营监管的法律、行政法规或规章。

②规范自动驾驶客货运车辆安全技术管理的规章及技术标准。

③推动自动驾驶汽车客货运发展的研发资助、试点示范政策。

④指导自动驾驶客货运经营的政策。
(2) 城市自动驾驶公共汽车客运法规制度
①规范使用自动驾驶汽车运营的城市公共交通规划的制订、设施的建设和管理、线路的准入和经营以及相关监管活动的行政法规或规章。
②推动自动驾驶汽车在城市公共交通中应用的研发资助、试点示范政策。
(3) 自动驾驶出租汽车法规制度
①规范自动驾驶出租汽车的准入和经营监管的行政法规或规章。
②推动自动驾驶出租汽车发展的研发资助、试点示范政策。
(4) 自动驾驶汽车维修法规制度
规范自动驾驶汽车软件维护、更新和升级、硬件维修等经营活动准入和监管的规章。

六、智能道路法规制度子体系

1. 基本构成（图6-6）

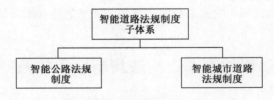

图6-6 智能道路法规制度子体系基本构成

2. 项目内容

(1) 智能公路法规制度
①规范适合自动驾驶汽车行驶的公路规划、建设和管理的法律、法规和规章。
②规范适合自动驾驶汽车的公路设计、勘察、施工、养护等技术标准体系。
③推动智能公路建设的研发资助、试点示范政策。
④指导适合自动驾驶汽车行驶的公路基础设施建设的政策。
(2) 智能城市道路法规制度
①规范适合自动驾驶汽车行驶的城市道路规划、建设和管理的法律、法规和规章。
②规范适合自动驾驶汽车行驶的城市道路设计、勘察、施工、养护等技术标准体系。

③推动智能城市道路建设的研发资助、试点示范政策。
④指导适合自动驾驶汽车行驶的城市道路基础设施建设的政策。

七、隐私和数据以及网络安全保护法规制度子体系

1. 基本构成（图6-7）

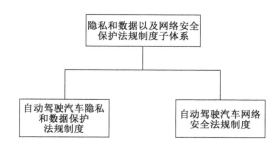

图6-7　隐私和数据以及网络安全法规制度子体系基本构成

2. 项目内容

（1）自动驾驶汽车隐私和数据保护法规制度

明确自动驾驶汽车使用涉及主体的数据安全保护责任和具体要求，推行重要数据分级分类管理的法律、规章等。

（2）自动驾驶汽车网络安全法规制度

①明确自动驾驶汽车使用涉及主体的安全管理责任，应用风险评估、运行监测、应急响应等机制加强自动驾驶汽车网络安全管理的法律、规章等。
②规范自动驾驶汽车网络安全保护的技术标准。
③指导自动驾驶汽车网络安全保护的政策性文件。

第三节　建　设　内　容

基于自动驾驶汽车的构成、功能和运行等方面的特点，以确保自动驾驶汽车的运行安全为出发点，针对当前自动驾驶汽车法规制度存在的差距短板，通过调查研究，制订政策、标准、解释、修改或制订法律等方式，对现行汽车生产和交易管理、无线通信管理、测绘管理、道路交通管理、道路运输管理、车辆维修管理、道路管理等方面的法规制度进行修改、补充和完善，建立隐私和数据保护、

网络安全保护等方面的法规制度。

一、自动驾驶汽车生产和交易法规制度

1. 法律、法规、规章、行政规范性文件

（1）研究修改现有的汽车生产企业及产品准入规则，增加自动驾驶汽车的内容，或者专门制定《自动驾驶汽车生产企业及产品准入管理准则》或《自动驾驶汽车生产企业及产品准入管理规定》。

（2）研究修改有关汽车生产、销售及进口监管的规章，增加自动驾驶汽车生产、销售及进口监管的内容。

（3）研究影响自动驾驶汽车安全的基本因素及解决对策，研究建立自动驾驶汽车安全评估制度，研究建立适合自动驾驶汽车的产品认证认可制度。

（4）研究完善自动驾驶汽车测试法规制度，建立自动驾驶汽车试运行法规制度。

（5）对《中华人民共和国标准化法》《中华人民共和国产品质量法》等法律相关条款进行解释，对于不适用现有标准的自动驾驶技术、产品，建立产品豁免制度。

2. 标准

（1）研究修改现行有关汽车产品设计、制造等的一般性标准，增加自动驾驶汽车的内容，建立专门针对自动驾驶汽车产品的强制性标准体系。

（2）研究完善、制定规范自动驾驶汽车测试和试运行的技术标准。

（3）研究自动驾驶系统设计中的伦理问题，制定规范自动驾驶系统设计的伦理规则。

3. 政策

（1）研究制订鼓励和支持自动驾驶汽车发展的投融资管理、税收减免、知识产权保护政策，研究制定自动驾驶汽车研发资助政策。

（2）制定鼓励和支持自动驾驶汽车测试和试运行的政策。

二、自动驾驶汽车无线通信法规制度

1. 法律、法规、规章、行政规范性文件

（1）根据自动驾驶车辆通信（V2X）等需求和特点，开展自动驾驶车用无线通信专用频谱使用许可研究，研究修改《中华人民共和国无线电管理条例》及相

关法律法规，建立自动驾驶车用无线通信专用频谱使用许可法规制度。

（2）研究修改《中华人民共和国无线电管理条例》及相关法律法规，建立自动驾驶汽车运行无线通信监管法规制度。

2. 标准

研究制订有关自动驾驶汽车无线通信的技术标准。

三、自动驾驶汽车测绘法规制度

1. 法律、法规、规章、行政规范性文件

（1）研究修改《中华人民共和国测绘法》以及《测绘资质管理规定》《测绘资质分级标准》《公开地图内容表示补充规定（试行）》《遥感影像公开使用管理规定（试行）》等，建立自动驾驶汽车测绘准入法规制度。

（2）研究修改《中华人民共和国测绘法》以及《测绘资质管理规定》《测绘资质分级标准》《公开地图内容表示补充规定（试行）》《遥感影像公开使用管理规定（试行）》等，建立自动驾驶汽车运行测绘监管法规制度。

2. 标准

研究制订有关自动驾驶汽车测绘的技术标准。

3. 政策

研究制订引导、支持和规范高精地图众包模式应用和发展的政策。

四、自动驾驶汽车交通安全法规制度

1. 法律、法规、规章、行政规范性文件

（1）研究修改《中华人民共和国道路交通安全法》，明确自动驾驶汽车的法律地位。

（2）研究修改《机动车登记规定》，建立适用于自动驾驶汽车的车辆管理制度。

（3）研究修改《中华人民共和国道路交通安全法》《机动车交通事故责任强制保险条例》等法律法规，建立适用于不同级别自动驾驶汽车测试、试运行和运行的强制保险制度。

（4）研究建立自动驾驶汽车的强制报废制度。

（5）研究修改《机动车驾驶证申领和使用规定》，建立有关远程监控人员、

驾驶人、使用人等的准入管理制度。研究修改《中华人民共和国道路交通安全法》，设定远程监控人员、驾驶人、使用人等在保证自动驾驶汽车安全运行上的义务。

（6）根据自动驾驶汽车通行管理的需要，研究修改《道路交通安全违法行为处理程序规定》《道路交通事故处理程序规定》等，分别建立适用于自动驾驶汽车的道路交通安全违法行为处理程序和道路交通事故处理程序。

（7）研究适用于自动驾驶汽车的交通管理设施建设、交通通行规则等，分析自动驾驶汽车应用相对于传统汽车带来的法律关系变化，研究适用于自动驾驶汽车的交通事故归责制度，适时对《中华人民共和国道路交通安全法》进行修改。

2. 标准

研究修改《机动车运行安全技术条件》，建立适用于自动驾驶汽车运行的安全技术标准体系。

3. 政策

（1）研究制定自动驾驶汽车运行安全指南。

（2）研究制定引导和规范不同级别自动驾驶汽车测试、试运行和运行商业保险的政策。

五、自动驾驶汽车运输法规制度

1. 法律、法规、规章、行政规范性文件

（1）研究自动驾驶客运车辆的功能和运行特点，修改《中华人民共和国道路运输条例》《道路旅客运输及客运站管理规定》，建立适合自动驾驶汽车的客运车辆准入制度。

（2）研究自动驾驶货车列队等自动驾驶货运车辆的功能和运行特点，修改《中华人民共和国道路运输条例》《道路货物运输及站场管理规定》，建立适合自动驾驶汽车的货运车辆准入制度。

（3）研究修改《道路运输车辆技术管理规定》，建立适合自动驾驶汽车的运输车辆安全技术管理制度。

（4）研究修改《中华人民共和国道路运输条例》《道路运输从业人员管理规定》等，建立适合自动驾驶汽车的道路运输从业人员管理制度。

（5）研究自动驾驶客货运的监管特点，修改《中华人民共和国道路运输条例》《道路旅客运输及客运站管理规定》《道路货物运输及站场管理规定》等，建立适合自动驾驶汽车的道路运输经营准入和监管制度。

（6）研究修改《城市公共汽车和电车客运管理规定》，建立适合自动驾驶汽车运营的城市公共交通管理制度。

（7）研究修改《巡游出租汽车经营服务管理规定》《网络预约出租汽车经营服务管理暂行办法》《出租汽车驾驶员从业资格管理规定》等，建立适合自动驾驶汽车的城市出租车管理制度。

（8）研究修改《机动车维修管理规定》，建立适用于自动驾驶汽车的机动车维修管理制度。

2. 标准

研究制订适合自动驾驶汽车的运输车辆安全技术标准体系。

3. 政策

（1）研究制订推动自动驾驶汽车客运、自动驾驶城市公共交通和自动驾驶出租汽车等发展的研发资助、试点示范政策。

（2）研究自动驾驶客货运的特点，制定自动驾驶客货运经营指南。

六、智能道路法规制度

1. 法律、法规、规章、行政规范性文件

（1）研究修改《中华人民共和国公路法》《公路安全保护条例》等，建立适合自动驾驶汽车行驶的公路规划、建设和管理制度。

（2）研究修改《城市道路管理条例》，建立适合自动驾驶汽车行驶的城市道路规划、建设和管理制度。

2. 标准

研究制订适合自动驾驶汽车的智能道路技术标准体系。

3. 政策

（1）研究制订推动智能公路、城市道路建设的研发资助、试点示范政策。

（2）根据自动驾驶汽车运行需要的道路条件（车路协同），研究制定适合自动驾驶汽车行驶的智能道路基础设施建设指南。

七、隐私和数据以及网络安全保护法规制度

1. 法律、法规、规章、行政规范性文件

（1）研究自动驾驶汽车运行的特点，根据影响隐私与数据保护的因素，如软件设计、维护和升级、车辆维修以及违法行为处理、事故处理等方面存在的相关

风险，根据《中华人民共和国数据安全法》和《中华人民共和国个人信息保护法》等相关法律，明确相关主体的数据安全保护责任和具体要求，推行重要数据分级分类管理，建立自动驾驶汽车隐私与数据保护制度。

（2）研究自动驾驶汽车运行的特点，根据影响自动驾驶汽车网络安全的因素，研究修改《中华人民共和国网络安全法》，明确相关主体的安全管理责任，应用风险评估、运行监测、应急响应等机制，建立自动驾驶汽车网络安全保护制度。

2. 标准

研究制订自动驾驶汽车网络安全保护标准。

3. 政策

研究制订指导自动驾驶汽车网络安全保护的政策性文件。

第四节 建设路径

推进自动驾驶法规制度建设，需要充分考虑自动驾驶的技术特点和发展现状，以现行道路交通运输法律制度为基础，找准实施自动驾驶法律规制的切入点和关键点，明确实现突破的主要进路。实施自动驾驶法律规制的目的主要在于实现自动驾驶的安全、高效应用，而当前阻碍自动驾驶应用的首要障碍是它缺少合法地位，确立它的法律地位是实施自动驾驶法律规制的切入点。安全是推动自动驾驶研发和应用的基本立足点，也是最终目的之一。充分考虑影响自动驾驶安全的各种因素，建立自动驾驶技术标准体系和安全管理法律制度，确保自动驾驶的安全，是实施自动驾驶法律规制的一大关键点。自动驾驶具有研发周期长、投入成本高、收益不确定等特点[50]，它的发展和应用离不开政府营造的良好环境[51]，也离不开社会的大力支持。建立鼓励和支持自动驾驶发展和应用的法律制度，消除自动驾驶应用面临的制度障碍，创造自动驾驶应用所需要的条件，也是实施自动驾驶法律规制的另一大关键点。基于实施自动驾驶法律规制的切入点和关键点，当前重点需要从法律地位、安全监管、优化环境三大进路上实现自动驾驶立法的突破。

一、法律地位

在此进路上，需要找准自动驾驶的法律定位，确立它的合法地位。自动驾驶在提升道路交通安全水平、改善公众出行、赋予汽车、信息等产业发展的新动能、重塑社会生活等方面具有巨大的潜在价值，相关业界和社会都在呼吁赋予自动驾驶合法地位，以推动自动驾驶的研发和应用。尽管当前相关技术仍在发展中，但自动驾驶汽车的基本功能和使用方式已基本确定，新加坡、韩国、德国、日本等不少国家和地区也通过立法确立了自动驾驶的合法地位。确立自动驾驶的合法地位，既是对前述呼吁的及时响应，也为我国建立自动驾驶法律制度体系奠定了坚实基础。明确自动驾驶汽车的产品本质，找准自动驾驶汽车的法律定位，是确立自动驾驶合法地位的关键。自动驾驶汽车是主要由自动驾驶系统操纵行驶的智能车辆。自动驾驶系统是自动驾驶汽车的核心，能够通过人工智能算法等实现许多复杂的功能，如行人检测、路径规划、行为决策等，决定了自动驾驶汽车的智能性。受制于人工智能研究水平的限制，自动驾驶汽车所具有的智能在将来很长一段时间内还属于只能服从设计者或使用者的意志的弱人工智能的范围[52]。因而，尽管其与传统车辆存在许多不同之处，自动驾驶相关技术尚在发展之中，但自动驾驶汽车在本质上仍然是一种车辆，属于道路交通运输法律制度中的"机动车辆"。在找准自动驾驶汽车"机动车辆"的法律定位后，通过修改《中华人民共和国道路交通安全法》，在有关机动车等的用语含义说明条款中增加"具有高级自动驾驶功能的机动车"的类型及其含义，将自动驾驶汽车纳入现行道路交通运输法律体系中，从而确立自动驾驶的合法地位。

二、安全监管

在此进路上，需要突出安全在当前自动驾驶法律制度设计中的核心地位，围绕自动驾驶的安全应用，针对影响自动驾驶汽车安全的各种因素建立一系列的法律制度。作为一种高度自动化的产品，自动驾驶汽车本身的质量和安全性能是保证自动驾驶安全的基础和关键，车辆的设计运行范围（ODD）、自动驾驶系统、人机交互界面（HMI）等应当符合特定的安全要求[53]，对于研发环节，需要建立自动驾驶汽车试运行管理法律制度，对于生产环节，需要制订《自动驾驶汽车生产企业及产品准入管理规定》，建立生产准入管理法律制度，对于交易（进口）环节，需要将自动驾驶汽车产品纳入《强制性产品认证目录》，制订认证实施细则，建立自动驾驶汽车产品的认证法律制度，对于运行（使用）环节，需要修改《中华人民共和国道路交通安全法》，建立适用于自动驾驶汽车登记、安全技术检验法律制度。在上路行驶后，自动驾驶汽车将面临复杂的交通环境，实施科学的道路交通安全管理和运输管理也是保证自动驾驶安全所必需的。就前者而言，需要修改《中华人民共和国道路交通安全法》，建立有关自动驾驶汽车驾驶人（操作人）的准入制度，明确其有保证自动驾驶安全的义务，建立适合自动驾驶特点的通行管理、违法处理、事故处置等方面的法律制度。就后者而言，需要修改

《道路运输车辆技术管理规定》,建立适合自动驾驶特点的运输车辆安全技术管理制度,修改《中华人民共和国道路运输条例》,明确客货运经营者有保证自动驾驶安全的义务。此外,车联网的安全直接影响到自动驾驶安全,也需要专门建立车联网安全保护法律制度。由于有关自动驾驶安全的法律法规具有较强的技术性,相关技术标准能为其提供必要的支撑,部分标准规定能转化为法律条文[54]。在此进路上,还需要充分发挥标准的支撑作用,借助相关企业、行业协会力量,加快推进自动驾驶系列技术标准的研究和编制,特别是修改《机动车运行安全技术条件》,增加有关自动驾驶汽车的安全技术标准。

三、优化环境

在此进路上,需要强调自动驾驶的战略性发展地位,针对其应用面临的障碍和所需的条件,建立鼓励和支持自动驾驶应用的系列法律制度。考虑到自动驾驶技术标准的缺失,需要创新自动驾驶技术准入模式,或建立自动驾驶技术豁免制度,或建立"监管沙盒"制度,或允许监管部门制订相关技术要求作为准入审查标准,以适应现阶段尽快实现自动驾驶应用的迫切需要。自动驾驶汽车需要依赖高精地图对道路状况进行识别,而现行有关测绘和地图管理的法律制度对高精地图的研发和应用造成了很大的制约[55],需要对《测绘法》以及《测绘资质管理规定》《测绘资质分级标准》《公开地图内容表示补充规定(试行)》等进行修改,建立自动驾驶汽车测绘管理法律制度。面对实际中非常复杂的交通环境,自动驾驶汽车的运行需要智能化道路、车联网等提供必要的支撑,需要通过立法建立有关智能化道路建设和管理、车联网建设和管理方面的法律制度。自动驾驶汽车运行中难免会发生交通事故,需要根据自动驾驶汽车的产品属性和使用方式修改《中华人民共和国道路交通安全法》等法律、法规,建立科学的交通事故归责制度和车辆保险制度,以合理控制交通事故给车辆制造企业带来的经济负担和压力。自动驾驶研发中的不断创新对于加快推动自动驾驶的应用具有重要作用,需要建立专门的自动驾驶研发资助法律制度,加大投入,鼓励和支持技术创新。当前,人们对自动驾驶的认知存在许多差异,社会对自动驾驶的接受还需要一个过程[56],需要建立自动驾驶公共宣传法律制度,加强有关自动驾驶的公共教育。由于政策具有灵活性,在功能上既能对自动驾驶的发展和应用提供宏观指导,又能对从业企业的行为等进行一定规范,与自动驾驶法律法规紧密相关,相辅相成。在此进路,需要充分发挥政策的先导作用,先以有关自动驾驶投融资管理、研发资助、试点示范、税收减免、知识产权保护等方面的政策推进部分制度建设,再逐步将其中成熟的制度推行为法律。

第七章
自动驾驶立法重点问题

第一节 伦理基础

自动驾驶是人工智能、物联网、大数据等新一代技术融合、创新发展的产物，实现了车辆驾驶的自动化，能够全面提升车辆的智能化水平，正在推动着汽车产业的重大变革。车辆的自动驾驶系统由传感器、图像处理平台、执行机构等硬件和电脑软件组成，能够部分或全部替代人类驾驶员对车辆的驾驶。人工智能算法是自动驾驶系统的核心，具有行人检测、物体识别、路径规划、行为决策等多种复杂功能，决定了车辆的智能化程度。如同其他一些技术一样，自动驾驶的发展也引发了一些迫切需要解决的伦理问题，如对自动驾驶本身的伦理评价，自动驾驶车辆、自动驾驶研发人员、自动驾驶监管需要遵守的伦理规则等。其中，比较著名的是"电车难题"，即在车辆面临一场不可避免的可能造成人员伤亡的交通事故时，自动驾驶系统在决策时是选择撞向少数人，还是选择撞向多数人，是一个比较棘手的道德抉择问题[4]126-132。这些问题是要在自动驾驶应用和普及之前就需要得到妥善解决的。妥善解决好这些问题，是保证自动驾驶立法实质合法性的基础。

一、自动驾驶的重要潜在价值

智能网联汽车在道路交通运输及其他领域将有着广泛的应用，它的应用能够产生较好的经济和社会效益，涉及提高道路交通安全水平、改善公众出行、缓解交通拥堵、促进汽车、信息等产业发展等多个方面。

能够提高交通运输安全水平。在道路交通事故中，由驾驶人导致的占90%

以上。自动驾驶技术可以大大减少由于疲劳驾驶、注意力不集中、操作失误等人为因素导致的交通事故。

能够提升道路资源的利用率。自动驾驶技术可以缩短行车过程中车辆间的距离，减少交通拥堵，有效提高道路通行能力。

能够重构未来公众出行生态。一方面，自动驾驶汽车能够为人们提供更安全、便捷、舒适的出行服务，提高出行效率。另一方面，能够减少人们对私家车的依赖，推动响应型和共享型出行服务的发展，更好满足特定人群的个性化出行。

能够推动汽车等产业的升级。自动驾驶是汽车、信息、通信等领域融合创新的产物，不但能推动汽车产业的升级转型，也为信息、通信等产业的发展赋能。

能够促进交通绿色低碳发展。通过让车辆尽量保持匀速行驶，减少制动和加速次数，降低能耗和排放。

能够提高特定作业生产效率。将自动驾驶技术应用于港口、场站、工地等作业时间长、劳动强度大的场景，可以改善人员工作条件，并且可以24小时运行，大大提高生产效率。

二、自动驾驶发展带来的风险

目前，自动驾驶仍在不断发展中，它的应用也给社会带来了一些不可忽视的风险，包括交通安全风险、网络安全风险、数据安全风险等。因自动驾驶的应用多具有较强的社会性和普遍性，这些风险一旦控制不善，就可能给社会带来严重危害。

由于道路交通环境的复杂性，一旦设计上考虑不周或出现缺陷，或在制造上出现疏漏，或在使用中出现不当操作，或维修不及时，自动驾驶汽车在运行中就容易产生交通风险。即使前述环节不出现问题，运行中难免出现的软硬件故障也可能产生交通风险。这些风险容易导致交通事故的发生。

自动驾驶汽车对网络具有很强的依赖性，自动驾驶系统软件、自动驾驶云平台或车联网设计存在的漏洞、车联网平台管理存在的问题等容易导致网络安全风险的产生。

自动驾驶汽车在运行中需要使用许多的数据，也会产生大量的数据，在运行、维修、监管等环节上都容易产生个人隐私和数据被泄露或滥用的风险。

前述这些风险可能会叠加出现，形成高度复杂的风险样态。例如，自动驾驶系统一旦被黑客入侵控制，就可能出现前述多种风险叠加的复杂情况。

相对于相关运营商，自动驾驶的用户属于弱势方，容易产生因"被侵入式"

的数据采集或控制而影响个人尊严的风险[57]。

"行"在人们的生活、工作中占有重要地位，自动驾驶的自主决策特点可能会使人们对自动驾驶汽车产生依赖，产生降低人的自主性的风险。

除此以外，自动驾驶的应用还可能产生影响就业等方面的社会公平风险等。

三、自动驾驶发展带来的伦理问题

自动驾驶发展带来的伦理问题与国家和社会对自动驾驶相关行为的规范有关。作为一种新生事物，自动驾驶开拓了人类实践活动的一个新领域。人们在此领域中实施的不少行为都是前所未有的，如自动驾驶汽车的测试、设计、制造、驾驶（使用）、维修、监管等。自动驾驶所引发的伦理问题因对这些新行为的规范而产生。例如，"电车难题"涉及的就是自动驾驶系统的事故决策算法在针对前述紧急情况发生时，在设计上应当遵守什么样的伦理规范。从深层次上看，这些伦理问题的产生源于自动驾驶可能会给社会带来前述风险。

为了消除或减少这些风险，或控制它们可能造成的损失，需要对自动驾驶汽车的测试、设计、制造、驾驶（使用）、维修、监管等行为进行必要的规范，保证这些行为的"正当性"。判断人们实施的行为是否"正当"，需要依据一定的标准或准则进行[58]。对于纯技术性的行为，只要符合特定的技术规范，它就是"正当的"。对于社会性行为，人们可能会基于不同的价值取向，从不同的角度、方面去考虑，提出不同的标准或准则，甚至是相互冲突的标准或规则。自动驾驶相关行为就属于社会性行为。由于立场、对这些行为本身的认知、对这些行为产生的风险的严重与否、发生的可能性大小、应对的认知等存在一些差异，不同的人在规范这些行为的标准或准则时持不同的价值取向，从不同的角度、方面去考虑，提出了诸多不同的标准或准则。在对这些标准或准则进行评价或取舍时，人们就会运用伦理学的原理和理论进行分析，判断它们的合理性，从而产生了前述伦理问题。

自动驾驶发展带来的伦理问题具体包括对可能产生风险的自动驾驶的善恶评判、自动驾驶相关行为需要遵守的特定伦理规范以及自动驾驶涉及的事故所引起的责任承担等三个方面的认知。

当前，自动驾驶还处于产业化前期，但在测试或初步应用活动中就已经发生了多起事故。最近发生的一次事故是在2023年10月2日，该日晚上9点30分在美国旧金山，一位行人被一辆传统出租车撞倒后，又被一辆Cruise无人驾驶出租汽车撞上并将其卷入车底拖行，受伤严重。自动驾驶研发和应用中的诸多行为都有可能产生一些危害社会的风险，对这些行为的善恶评判是一个非常重要的伦理问题。社会是否应当允许自动驾驶研发和应用的开展，人们能否认可和接受自动驾驶等都与该问题直接相关。由于自动驾驶在可能产生风险的同时也会给社会带来不少益处，如何评判自动驾驶的善恶，就产生了不同的观点。基于不同的价值取向，有些人可能会更加关注风险方面，甚至夸大它对社会的危害性，认为它们是恶的，而有些人可能会更加关注益处方面，认为这些行为是善的。例如，由于硬件故障、软件漏洞、知觉错误、推理错误等原因，自动驾驶应用会产生交通风险，且在应用中有被黑客控制滥用的风险，有些人强调这些风险的严重性，质疑和否定自动驾驶的应用，忽视自动驾驶系统以毫秒级运算水平操控车辆相对于人工驾驶的高安全性以及其他益处，而有些人则持相反的观点。

伦理规范对于评价自动驾驶、规范自动驾驶相关行为，保证它们的正当性，控制它们可能产生的风险具有重要作用。人们在实施前述行为时，需要遵守特定的伦理规范。例如，在行驶中自动驾驶汽车可能会遇到各种各样的交通风险，包括车辆本身、其他交通参与者、恶劣天气、异常路况、自然灾害等引起的交通风险等，研发企业或制造企业在设计自动驾驶系统时需要严格遵循充分保证人身安全的准则，让其能够决定车辆本身以及其他交通参与者能够接受多大程度的风险，对于可接受的风险，能够决定在受到影响的各方之间进行合理的风险责任分配[59]。如果违反相应的伦理规范，这些行为就是不正当的，就可能会产生危害社会的后果。例如，对于2018年3月发生在美国亚利桑那州的优步（Uber）自动驾驶车辆测试致人死亡事故，调查人员发现优步公司在自动驾驶系统设计上未能严格遵循充分保证人身安全的准则：只有在非常明确要发生事故前，自动驾驶系统才会启动紧急制动，尽管调查最终未把这作为事故原因之一，但这种不当设计在实际上对事故的发生起了一定作用[60]。自动驾驶相关行为类型比较多，对于不同类型，都需要制订一定的伦理规范，有关具体伦理规范制订引起的伦理问题会非常多。"电车难题"就是在确定事故算法设计上需要遵守哪些具体伦理规范时产生的问题。实际上，仅对这种设计行为，还产生了是否能为了避免实施违法行为的多人伤亡而撞向无辜的路人或其他车辆，撞向一位行人，还是撞向一辆需要可能面临高额赔偿的豪车，是否能为了避免车辆本身可能产生的人员伤亡而实施侵害其他车辆或行人的违法行为，撞向路边的墙壁导致车内人员伤亡，还是撞向存在违法行为的多人导致伤亡，或者是否能为了避免导致车内人员伤亡而撞向道路附近的动物等问题。

自动驾驶是人工智能应用的重要领域之一。自动驾驶汽车与一般的自动化机械设备不同，是一种相对高级的人工智能产品，具有较强的自主性。其自动驾驶系统能够像驾驶人一样自主决策，进行一系列的驾驶操作，根据车况、工况、路况等处理车辆运行中遇到的各种问题,还能够通过深度学习不断提升自己的驾驶技能。因软硬件故障等因素的影响,自动驾驶汽车也难免会发生交通事故。其中一些交通事故可能是由于自动驾驶系统的"深度学习"功能而出现的一些不可预知的错误造成的。因而,如同在其他一些人工智能领域一样,对于因自动驾驶汽车本身原因造成的交通事故,其是否能够像驾驶人一样承担相应的责任就成为问题。有些人认为,自动驾驶汽车仍然属于物的范畴,不能成为交通事故责任主体,而有些人认为可以赋予自动驾驶汽车独立法律人格,使其成为交通事故责任主体[61]。

四、自动驾驶伦理问题的解决对策

前述伦理问题着眼于自动驾驶研发、应用和监管中的诸多行为的合理规范,旨在探寻正确认识和有效应对这些行为可能产生的风险的理性依据,反映了人们对自动驾驶发展和应用的审慎态度和极度关切。解决这些问题对于合理规范自动驾驶相关行为,促进自动驾驶的健康发展,确保其能够真正增进社会福祉具有重要作用。对此,当前需要重点采取以下措施。

首先,提高对自动驾驶伦理问题的重视程度。这些问题并非杞人忧天,自动驾驶相关行为可能产生的风险不容忽视。传统汽车的推广和应用可谓"前车之鉴"。直到今天,全球每年交通事故仍造成近119万人死亡[62]。尽管自动驾驶能从技术上大幅度提升道路交通的安全水平,但是,它的一些潜在风险也直接关系到人们的生命财产安全,若不能防控好,可能也会给社会带来不可估量的损失。与此同时,面对风险,需要客观认识和对待自动驾驶相关行为,及时制订相关伦理准则,对这些行为进行必要的规范。合理的伦理准则也是保证自动驾驶监管法律法规"良性"的基础和前提,否则其可能变成"恶法"。

其次,明确政府在解决自动驾驶伦理问题上的责任。自动驾驶技术本身不能解决这些问题,尽管其相关行为可能产生的风险的防控依赖于技术[63]。由于道路交通活动的社会性和普遍性,这些风险的影响将波及整个社会,需要将其引发的伦理问题作为一种社会问题来处理。因而,自动驾驶伦理问题的解决应当由政府负责[16]222-225,不能仅靠市场或社会,不能完全交给相关行业,更不能交给消费者个人。正如美国国家运输安全委员会(NTSB)主席克里斯多夫·哈特(Christopher Hart)所言,对于自动驾驶汽车在紧急情况下选择撞上一辆失去控制的载货汽车,还是冲向人行道撞上行人,需要由政府给出答案[64]。

再次,确立解决自动驾驶伦理问题的价值取向。这些问题涉及人的自主性、人的基本权利、公共安全、消费者安全、个人隐私和数据保护、交通运行效率、出行改善、行业发展、社会公平等众多价值选项。价值取向的差异在很大程度上决定了人们在这些问题解决上的不同观点。在众多的价值选项中，让所有人做出相同的价值取向是不可能的，但需要对其进行一定的取舍、权衡，确立相对统一、正确的价值取向。在价值取向上的确立上，需要坚持自动驾驶的应用是为了增强人的自主性和保障人的基本权利的基本前提，突出强调自动驾驶的安全性和可靠性以及对个人隐私和数据的保护。

最后，制订规范自动驾驶相关行为的伦理准则。自动驾驶伦理问题的最终解决需要一整套权威、公开、明确、可操作的伦理准则。这套伦理准则既包括规范所有自动驾驶相关行为的一般性伦理准则，也包括分别规范各种自动驾驶相关行为的具体性伦理准则。从自动驾驶汽车的研发、设计、制造，到驾驶（操作）、运营、维修、监管，都需要针对它们可能产生的风险，基于伦理理论分析，结合人工智能相关的基本伦理准则，加强相关研究，根据自动驾驶的功能和特点等分别制订合理的伦理准则，以消除或减少这些风险，或控制它们可能造成的损失。这些伦理准则可采用多种形式，包括政策性文件、技术指南、推荐性技术标准、强制性技术标准、法律规范等。

第二节　法 律 性 质

鉴于自动驾驶汽车具有新生事物的特点，立法涉及的内容比较复杂，而且面临许多现实困难，立法需要在充分明确自动驾驶汽车法律性质的基础上进行，以保证立法的科学性，维护法律秩序的统一性。当前，正是由于自动驾驶汽车的法律性质未能得到充分明确，人们对自动驾驶汽车法律规制的认知存在一些误区，继而导致自动驾驶汽车监管立法和实践出现问题。

一、自动驾驶汽车的特点

作为一种新生事物，自动驾驶汽车是传统汽车和高新技术融合创新发展的产物。明确它的法律性质，首先需要分析它与传统汽车在用途、运用场所、构造和运行上的相同之处和不同之处，揭示它的基本特点。

尽管其尚处于研发和初步应用阶段，且相关技术仍在发展之中，但自动驾驶汽车的主要用途、运用场所、总体构造和基本运行机制都已大致确定。

在用途上，自动驾驶汽车与传统汽车是相同的。自动驾驶汽车是一种交通工具，它的用途主要是运输，包括运载人员和货物。除此以外，它也可用于医疗救护、消防、城市环卫以及工程作业等。

在运用场所上，自动驾驶汽车与传统汽车基本是相同的。运用自动驾驶汽车的场所大多为道路，也可能是工厂、矿区、港口、景区等，还可能是特定的工程作业场所。但是，随着技术的发展，由于在运用上不需要驾驶员驾驶，相对于传统汽车，它的应用场景可能会越来越多，运用场所的类型也会越来越多。

在构造上，目前的自动驾驶汽车大多由自动驾驶系统和改装后的电动汽车组成。由于电动汽车比较适合作为自动驾驶的载体，自动驾驶汽车基本上都是由电动汽车改装而来。自动驾驶系统是自动驾驶汽车的核心，主要由硬件和软件两部分组成。其中，硬件包括摄像装置、激光雷达等传感器、主控电脑、线控系统等组成，软件由环境感知软件、环境绘图软件、运动规划软件、车辆控制软件、监控系统等组成。根据自动化的程度不同，自动驾驶系统分为有条件自动驾驶系统、高度自动驾驶系统和完全自动驾驶系统。电动汽车部分由电力驱动控制系统、底盘、车身和辅助系统构成。在配置有条件自动驾驶系统的情形下，电动汽车部分与普通电动汽车在构造上基本相同。在配置高度自动驾驶系统和完全自动驾驶系统的情形下，由于不需要配置转向机，电动汽车部分与普通电动汽车在构造上存在一些差异。

在运行上，自动驾驶汽车与传统汽车存在较大差异。这主要表现在它的驾驶方式上。自动驾驶汽车的驾驶主要是由自动驾驶系统完成，具有自主性。运用车用无线通信、高精度地图、规划决策等技术，通过感知、决策和执行三个基本过程，自动驾驶系统能够替代驾驶员感知来往车辆、行人、交通标志、路面状况、车辆自身的运行工况等信息，进行驾驶判断和决策，完成车辆起停、路径选择、加减速、制动、变道、超车、转弯、掉头等诸多操作。就车辆本身的运行而言，自动驾驶汽车与电动汽车是相同的。

通过前述比较分析，自动驾驶汽车表现出以下基本特点：①在用途上仍以运输为主；②在运用场所上也仍以道路为主；③在构造上以传统汽车硬件为主体，汽车软件表现出较强的主导性；④在运行上车辆驾驶实现了自主性。

二、自动驾驶汽车的法律性质

作为一种新生事物，自动驾驶汽车是传统汽车和高新技术融合创新发展的产物，特别是人工智能技术的应用，使它实现了智能化，具有了车辆驾驶的自主性。传统汽车属于现行相关法律法规上规定的"机动车"，而这种具有智能化特点的自动驾驶汽车仍然属于"机动车"，还是属于其他性质的产品，抑或根本不属于产品的范畴？这就是有关自动驾驶汽车法律性质的问题。这也是一个重要的基本问题。

在明确了自动驾驶汽车的法律性质之后，才会涉及它的法律地位或法律属性问题。然而在一些研究中，法律性质、法律地位和法律属性三者经常被混淆[65]。自动驾驶汽车的法律性质、法律地位和法律属性三者并非是同一层次上的概念，法律性质确定的是它在法律上是什么，法律地位确定的是法律围绕或为它设定什么样的权利和义务，而法律属性确定的是它在法律上具有哪些基本特点。

明确"自动驾驶汽车在法律上是什么"，一方面需要基于它本身的特点，另一方面需要基于相关的法律规定。

构造和运行上的特点使得确定自动驾驶汽车的法律性质变得有些复杂。自动驾驶系统是自动驾驶汽车的核心，而应用人工智能技术的自动驾驶系统实现了自动驾驶汽车的自主性。这也使自动驾驶汽车具有了人工智能产品的属性。有关人工智能产品法律性质的争议已存在不短时间，现也波及到了自动驾驶汽车上。有关自动驾驶汽车侵权责任和刑事责任的研究多会探讨自动驾驶汽车是属于一种产品，还是可被设定为一种新的法律主体的问题。这也是明确自动驾驶汽车法律性质首先需要解决的。与其他许多类型的自动化产品不同，自动驾驶汽车的使用不是单纯的技术性活动，而是具有较强的社会性。确定自动驾驶汽车是否仍归属于产品对于解决它所引起的不少法律问题都具有非常重要的作用。目前，主流观点认为，自动驾驶汽车应用的人工智能属于弱人工智能的范围，对它的产品属性不构成重大影响，因而它仍属于一种产品[66]。

既然自动驾驶汽车属于一种产品，它具体属于哪一种性质的产品就成为下一步要解决的问题。自动驾驶汽车与传统汽车有许多相同之处，后者属于法律上的"机动车"，前者是否也属于法律上的"机动车"？这需要根据法律上对"机动车"的界定与自动驾驶汽车的基本特点进行判断。《道路交通安全》对机动车进行了明确界定：以动力装置驱动或者牵引，上道路行驶的供人员乘用或者用于运送物品以及进行工程专项作业的轮式车辆。从此概念可以看出，机动车具有4个基本属性：①以动力装置驱动或者牵引；②在道路上行驶；③用于运输人员或物品或进行工程专项作业；④轮式车辆。根据上一部分对自动驾驶汽车的用途、运用场所和构造的分析，其以改装后的电动汽车为主体，具有第①和④项属性，在用途上具有第③项属性，在运用场所上具有第②项属性，因而自动驾驶汽车也完全属于法律上的"机动车"。

在明确自动驾驶汽车属于"机动车"后，把它归入后者的现有类型中是否适合是最后要解决的问题。《机动车类型术语和定义》（GA 802—2014）把机动车分为汽车及汽车列车、摩托车、轮式专用机械车、挂车等类型，而汽车又分为载客汽车、载货汽车、专项作业车、挂车等类型。这些类型多是根据车辆的整体构造特点以及用途等划分的。尽管目前可以把自动驾驶汽车归入到一些现有类型中，如自动驾驶汽车归入到汽车中，用于载客的自动驾驶汽车也可归入到载客汽车中，但由于它在构造上具有软件的主导性，在运行上具有驾驶的自主性，现有的机动车分类并没有考虑这些特点，把它归入现有类型中的意义并不大。另外，把它归入到现有类型中也不利于把它与传统机动车区分开来。因而，考虑到它具有的特殊属性，把自动驾驶汽车作为一种特殊类型的机动车比较合适。

三、明确自动驾驶汽车法律性质的重要意义

当前，人们对于自动驾驶法律规制存在一些误区，主要包括自动驾驶汽车可以随意上公共道路进行测试或行驶，自动驾驶汽车不缺法律约束，地方当前可以先行立法或者设立示范区。

"法无禁止即可为"或"法无禁止即自由"已被我国确立为社会主义法治的一个重要原则[67]。根据该原则，只要法律对特定行为无明确的禁止性规定，公民或法人就可以实施这种行为。自动驾驶汽车是一种新生事物，目前国家尚未就其进行专门立法，自动驾驶汽车上路测试或行驶属于无法可依的情形，现行相关法律对其测试或行驶也无明确的禁止性规定，因而，有些人认为，根据"法无禁止即可为"原则，自动驾驶汽车可以随意上路测试或行驶。

一般认为，法律上的障碍或缺失给自动驾驶汽车的发展和应用带来较大制约，国家应加快自动驾驶汽车立法。与此不同的是，有观点认为，自动驾驶汽车并非面临无法可依的情况，现行有关机动车辆管理以及道路交通、运输管理的法律法规完全可以适用于自动驾驶汽车，由于机动车辆管理以及道路交通、运输管理等多是以相关的技术标准为基础的，自动驾驶汽车法律规制面临的最大问题是相关技术标准的缺失。一旦有了相关技术标准，实施自动驾驶汽车法律规制不存在大的问题。

尽管当前迫切需要进行自动驾驶汽车立法，但由于技术发展、伦理基础、级别差异等方面的客观因素的影响，自动驾驶汽车立法的推进面临较大困难。在此情形下，有观点认为，可以在现行法律法规框架下，由地方先行立法或者设立试验性质的示范区，实现自动驾驶汽车立法上的突破。近年来，在此观点影响下，深圳、上海、苏州、无锡、阳泉等地都进行了自动驾驶专门立法。

明确自动驾驶汽车的法律性质对于消除前述自动驾驶汽车法律规制认知误区具有重要作用。对于第一个误区，由于自动驾驶汽车属于法律上的机动车，现行

有关道路交通运输的法律法规是适用于它的，自动驾驶汽车上路测试或行驶并非无法可依的情形，不属于"法无禁止即可为"原则适用的范围。对于后两个误区，由于自动驾驶汽车具有一些特殊属性，尽管前述法律法规适用，但其中的一些基本制度主要是针对传统机动车辆而设计的，需要进行一些调整或补充，在对它的上路测试、行驶影响比较关键的《中华人民共和国道路交通安全法》修订之前，如果没有法律的特别授权，无论以何种名义的地方立法或执行，都是违法的，都是对法律秩序统一性的破坏。进而言之，对地方先行立法而言，在相关上位法修改之前，如果无法律的特别授权，地方立法只能在上位法规定的范围内设立具体制度，而不能突破上位法的限制；对先行先试而言，在相关法律修改之前，如果未通过法律设立专门的豁免制度，任何地方都不能突破法律的限制。

与此同时，明确自动驾驶汽车的法律性质，也是对它实施法律规制的逻辑基点，对于找准自动驾驶汽车的法律定位，寻找将自动驾驶汽车纳入现行相关法律体系的"切入点"，设定有关自动驾驶汽车的权利和义务，确立它的法律地位，建立具体的监管制度等都具有重要作用。

第三节　道路测试管理

道路测试是自动驾驶研发的重要环节，对于推动自动驾驶技术的发展具有重要作用。由于在公共道路开展测试活动关系到公共安全，也需要对其进行必要的管理，建立自动驾驶道路测试管理制度。

一、当前自动驾驶道路测试管理存在的问题

为了适应自动驾驶发展的需要，我国建立了自动驾驶道路测试管理制度。2018年，工业和信息化部、公安部、交通运输部共同印发了《智能网联汽车道路测试管理规范（试行）》，从国家层面上明确了自动驾驶道路测试准入的条件和程序，对自动驾驶道路测试活动进行规范，规定了相关交通事故责任认定的原则和依据以及对违规驾驶行为的处理办法，初步建立了自动驾驶道路测试管理制度。此后，根据该文件的规定，许多省、市后来也出台了实施细则，建立了地方自动驾驶道路测试管理制度。2021年，工业和信息化部、公安部、交通运输部又联合印发《智能网联汽车道路测试与示范应用管理规范（试行）》，对自动驾驶道路测试准入的条件和程序进行了补充和调整，完善了自动驾驶道路测试管理制度。但该制度明显存在一些问题。

自动驾驶道路测试管理制度既是自动驾驶管理制度的一个组成部分，也是道路交通运输管理制度的一个组成部分。从已经就自动驾驶进行正式立法的新加坡、日本、德国等国家和地区的情况看，都是在现行的道路交通运输管理制度中构建了自动驾驶道路测试管理制度。与此不同的是，尽管我国也试图在现行道路交通运输管理制度内建立自动驾驶道路测试管理制度，但当前它基本上是游离于该制度之外的。这是自动驾驶道路测试管理制度存在的一个根本性缺陷。

建立自动驾驶道路测试管理制度，首要的就是要解决自动驾驶道路测试的合法性问题。尽管根据其一般属性，自动驾驶汽车可以归入《中华人民共和国道路交通安全法》第一百一十九条第三项中的"机动车"，但它并不适合现行的依赖于技术标准的机动车监管模式，而且它与现行有关交通管理和运输管理的具体制度的兼容性较差。现行的机动车监管是以大量的被实践所证明的技术标准作为基础和支撑的，许多的相关法律规则都是以此模式而设定的。例如，《机动车登记规定》第四十五条规定的可以申请临时通行号牌的四种机动车情形，包括未销售的、购买、调拨、赠予等方式获得后尚未注册登记的、进行科研、定型试验的等，都是针对经过生产准入的企业按照相关国家标准设计和制造的机动车而言的。例如，根据《中华人民共和国道路交通安全法实施条例》第十五条的规定，机动车安全技术检验机构应当按照国家机动车安全技术检验标准对机动车进行检验。自动驾驶汽车在技术上仍处于发展之中，尚无与普通机动车一样完善的技术标准体系，现行的机动车监管模式已不适合，且许多相关的法律规则也无法适用于自动驾驶汽车。在构成和运行上，自动驾驶汽车与普通机动车存在较大差异，软件上的主导性和驾驶上的自主性是它的两大突出特征，而现行的有关交通管理和运输管理的具体制度都是针对有驾驶员驾驶的机动车而建立的，并不完全适合自动驾驶汽车。然而，当前的自动驾驶道路测试管理制度是在《中华人民共和国道路交通安全法》《中华人民共和国道路交通安全法实施条例》《中华人民共和国道路运输条例》等有关道路交通运输管理的重要法律、法规等未修订的情况下仅仅通过一些政策性文件和行政规范性文件建立起来的，除了临时通行号牌外，与现行道路交通运输法律法规基本是脱离的，并不能解决自动驾驶道路测试的合法性问题。

除了这个根本性问题外，当前的自动驾驶道路测试管理制度还存在一些问题。其一，《智能网联汽车道路测试与示范应用管理规范（试行）》并未建立自动驾驶道路测试的管理体制，只是规定对于道路测试申请，由省、市级政府相关主管部门确认相关申请材料，对于相关临时行驶车号牌的核发，由公安机关交通管理部门负责，到底该由哪个部门从总体上或最终对自动驾驶道路测试负责不得而知。由于此前的《智能网联汽车道路测试管理规范（试行）》对自动驾驶道路测试管理体制也采用了类似规定，各地的实施细则中的有关规定更是五花八门。其二，有关在高速公路上开展自动驾驶道路测试和试运营的问题，根据《中华人民共和国道路交通安全法》第六十七条的规定，行人、非机动车、拖拉机、轮式专用机械车、铰接式客车、全挂拖斗车以及其他设计最高时速低于70公里的机动车，不得进入高速公路，目前从技术上看开展道路测试的多为低速自动驾驶汽车，如果允许低速自动驾驶汽车上高速公路开展测试或试运营显然违反前述规定。其三，自动驾驶道路测试的主体都限制为在境内注册的公司或企业，国外有关自动驾驶研发的公司或企业在国内开展自动驾驶道路测试和试运营上存在障碍。其四，有关自动驾驶道路测主体的准入条件包括具有对道路测试和试运营车辆的远程监控能力，具有远程监控功能的自动驾驶汽车实为自动驾驶汽车的一种类型，属于配置有条件自动驾驶系统的自动驾驶汽车，尽管该条件有利于保障道路测试和试运营安全，但不利于自动驾驶技术的发展。其五，有关用于自动驾驶道路测试的道路的适用性问题，当前仅规定"省、市级政府相关主管部门在辖区内选择具备支撑自动驾驶及网联功能实现的若干典型路段、区域"，这对于保障道路测试的安全并不够。其六，现行制度主要是针对自动驾驶乘用车、商用车的，要求道路测试时车辆内必须有驾驶人，对于无驾驶室的无人配送车存在难度[68]。其七，现行制度不允许进行无驾驶人自动驾驶道路测试，而无驾驶人道路测试对于自动驾驶的发展尤为重要，这显然不利于自动驾驶技术的发展。

二、监管沙盒在自动驾驶领域中的应用

作为政府监管创新的产物，监管沙盒（Regulatory Sandbox）是多国政府在法治框架下对金融科技、能源科技等新兴科技发展和应用实施的一种监管措施。监管沙盒最初产生于英国的金融科技（Fintech）监管领域。英国的金融服务业非常发达，伦敦位居世界三大金融中心之列，不仅有大量的银行、证券机构、期货交易机构，也有众多的保险机构，还有世界主要的外汇交易市场，爱丁堡、曼彻斯特等多个城市也是金融交易中心。得益于良好的产业基础和监管环境，英国也成为全球金融科技发展的前沿阵地，聚集了众多世界知名的金融科技初创公司，在线融资、数字银行、数字支付、区块链和人工智能等领域都处于世界领先水平。为了创造更好的监管环境，推动金融科技的进一步发展和应用，英国的政府科学办公室（Government Office for Science）在2015年3月推出一份报告，建议金融科技监管借鉴医药行业中的临床试验机制，通过设立"沙盒"，允许企业开

展金融科技应用测试，从而加快实现金融科技商业化落地。该建议后被财政部采纳。在经过充分调研和准备的基础上，隶属于财政部的金融行为监管局（Financial Conduct Authority）在2016年5月正式推出监管沙盒，开放首批金融科技应用测试申请。截止到同年7月8日，该批测试共收到69份申请，其中24份获得批准，测试期为6个月。此后，又陆续开放7批测试申请。2021年8月后，不再按批次开放测试申请，而是转为常态化申请，常年均可进行申请。

在英国金融行为监管局向财政部提交的关于设立监管沙盒的专题报告中，监管沙盒被界定为"企业基于特定法律豁免而能够测试其创新性产品、服务、商业模式等的安全空间"。从法律性质上看，监管沙盒实质上是一种附条件的法律豁免制度。在运行机制上，尽管各个国家和地区对于监管沙盒的设计存在差异，但基本上都包括测试准入、测试实施和测试退出三个环节。

除了金融监管领域外，监管沙盒也被应用到了其他新兴科技应用监管领域中，如能源科技应用监管、医疗服务科技应用监管、生物健康技术应用监管等。实践证明，监管沙盒对于推动科技创新具有重要价值。其一，它为新兴科技的发展和应用创造了法治化的环境，使新兴科技在政府监管下发展，避免了新兴科技游离于监管之外。其二，它顺应了新兴科技加快实现商业化应用的趋势，减少了新兴科技推向市场所需的时间和潜在成本，为新兴科技的发展提供助力。其三，它有利于实现科技创新与风险防控之间的动态平衡，使新兴科技能够对经济和社会发展起到重要推动作用，也将其带来的风险控制在一定范围之内。

为了解决自动驾驶领域中监管滞后的问题，新加坡、中国台湾借鉴了金融科技监管中的做法，在自动驾驶领域中引入了监管沙盒，建立了自动驾驶沙盒监管制度。新加坡通过《2017年道路交通法修正案》和《2017年自动驾驶汽车道路交通规则》，建立了自动驾驶沙盒监管制度，明确经过新加坡陆路交通管理局授权可以开展自动驾驶车辆道路测试与运营活动，不受现行法律中相关条款的约束。中国台湾在2018年11月发布了《无人载具科技创新实验条例》，明确符合其规定条件的，经过主管部门的审查批准后，可在特定期限和区域内开展自动驾驶车辆、智能船舶或无人机的创新实验，包括研发、使用和经营等方面的实验，创新实验活动不适用核准决定书中载明的排除适用的法律、法规命令或行政规则的规定，但不包括洗钱防制法、资恐防制法及相关法规命令或行政规则。作为机动车辆监管上的重大创新，自动驾驶沙盒监管制度在前述国家和地区的建立使自动驾驶摆脱了现行法律法规的束缚，实现了自动驾驶车辆运营的合法化，加快了自动驾驶的商业化进程，有力地推动了自动驾驶进一步发展，也充分保障了道路交通参与者的权益。

三、完善自动驾驶道路测试管理制度的对策

由于存在前述问题，当前的自动驾驶道路测试管理制度不但会在运行上产生一些后续难题，而且会在一定程度上会影响自动驾驶的健康发展。有鉴于此，急需针对这些问题，采取措施对其进行全面完善。

针对合法性缺失的问题，需要通过立法设立"监管沙盒"。基于自动驾驶汽车的一般属性，现行的道路交通运输管理制度在总体上能够适用于自动驾驶汽车，但这无法为自动驾驶道路测试提供合法性支撑，因为《中华人民共和国道路交通安全法》等相关法律、法规、规章中尚无能够直接适用的具体规定。自动驾驶监管制度非常复杂，涉及很多内容，在短期内建立适合自动驾驶特点的一整套具体制度是不太可能的。即使能在短期内建立这样的一整套具体制度，但由于监管模式不适合的问题，它的可操作性也不会太好。因而，比较适合通过修订《中华人民共和国道路交通安全法》，设立适用于自动驾驶道路测试的监管沙盒，在法律上明确允许开展具有试验性质的自动驾驶道路测试，在沙盒范围内不按照现行的依赖于技术标准的监管模式对自动驾驶汽车进行监管。这样一可以解决自动驾驶道路测试的合法性问题，二可以把当前的自动驾驶道路测试管理制度融合到现行的道路交通运输法律体制中去。

针对管理体制不明确的问题，需要沿用现行的交通运输监管体制。在自动驾驶道路测试的具体管理方面上，由于道路测试监管主要集中在安全和交通秩序维护上，适合由公安机关交通管理部门负责。在自动驾驶道路测试的技术要求方面，主要由工业和信息化部门负责完善自动驾驶汽车的一般技术要求，主要由公安部门负责完善自动驾驶汽车的一般安全技术要求。对于目前许多地方成立的自动驾驶推进小组，适合作为推进自动驾驶发展的协同机构。

针对上高速公路受限的问题，需要明确适合自动驾驶道路测试的道路范围。在修订《中华人民共和国道路交通安全法》设立监管沙盒时，需要明确允许低速自动驾驶汽车上高速公路开展道路测试。

针对道路测试主体的范围问题，需要增加境外法人单位的情形。从推动自动驾驶发展的角度上考虑，增设境外法人单位作为道路测试和试运营主体，一方面可以建立促进自动驾驶发展的竞争环境，另一方面可以加强对国外自动驾驶发展的深入了解，促进自动驾驶发展的国际交流和合作。

针对远程监控能力的准入条件，需要进一步调整，并逐步取消。对远程控制类自动驾驶车辆，允许驾驶人不在车辆内。对于非远程控制类型的配置中有自动驾驶系统的汽车，在开展道路测试与试运营时，可以允许驾驶人不在车辆内，由

驾驶人远程控制。对于配置更高级自动驾驶系统的汽车，可以逐步取消。

针对道路的适用性问题，需要建立相关的评估制度。为了充分保障公共安全，考虑不同自动驾驶车辆道路测试所带来的风险的不同，在省、市级政府相关主管部门决定把在辖区内的路段、区域作为自动驾驶道路测试的区域前，需要组织相关专家或委托相关机构对这些路段、区域的适用性进行评估。

针对无人配送车道路测试的问题，需要建立无人配送车道路测试管理制度。

针对无人驾驶测试的受限问题，需要增设可开展无人驾驶道路测试的相关场景。为加快自动驾驶的发展和应用，在修订《中华人民共和国道路交通安全法》设立监管沙盒时，明确允许自动驾驶汽车在特定场景下可开展无人驾驶道路测试，同时允许在开展无人驾驶道路测试时，可不进行远程监控。具体适用的场景，如自动驾驶网约车、自动驾驶货运车辆的道路测试，可由相关行政规范性文件予以规定。

第四节　应用监管创新

鉴于自动驾驶的技术特点和发展现状，针对自动驾驶立法面临的诸多难题，与对自动驾驶道路测试管理一样，在对自动驾驶应用的监管上也需要多方面的创新。

一、立法面临的难题

作为一种新生事物，自动驾驶仍在发展和完善之中。作为一种技术革命的产物，它本身就比较复杂，对它的管理也相当复杂。这些给自动驾驶立法带来了不少难题。

技术发展方面上，自动驾驶涉及环境感知、精准定位、决策和规划、控制和执行、高精地图、车用无线通信、测试和验证等方面的技术，是人工智能、高性能芯片、通信技术、传感器技术、车辆控制技术、大数据技术等多领域技术的结合体，落地难度较大。许多技术尚在不断的创新发展之中，一些还在试验、验证或测试阶段，其适应性和可靠性有待进一步检验，相关产品多不能定型，针对自动驾驶汽车整车的安全评价体系仍在研究中，缺少规范产品研发、制造、使用等的成熟技术标准。从总体上看，自动驾驶还处于产业化前期。技术发展上存在的诸多不确定因素给自动驾驶立法带来较大困难。

伦理基础方面上，自动驾驶在环境感知、决策和规划、车辆控制等方面都会应用人工智能技术,属于人工智能的一个典型应用领域,也像其他领域一样遇到了一些棘手的伦理问题,如前述的电车难题。此外,还存在是否应当优先保护乘车人,是否能为了避免造成让发生违法行为的多人伤亡而改为撞向无辜的路人,是撞向一位行人,还是撞向一辆需要可能面临高额赔偿的豪车等难题。伦理规范是保证法律规范正当性的基础。如果在立法前不能合理解决这些问题,相关立法就可能成为"恶法"。

级别差异方面,国际自动机工程师学会(SAE International)的《标准道路机动车驾驶自动化系统分类与定义》(SAE J3016)、我国于2021年8月发布的《汽车驾驶自动化分级》(GB/T 40429—2021)中都将高级别自动驾驶分为有条件自动驾驶、高度自动驾驶和完全自动驾驶三个级别。不同级别的自动驾驶具有不同的特征,法律对其进行规范时需要进行差异化处理。在这些级别中,有条件自动驾驶与后两个级别存在较大差异。有条件自动驾驶属于"人机共驾"[69],而后两个级别属于真正的自动驾驶,基本不需要人的干预。对于有条件自动驾驶,尽管自动驾驶系统能够完成生产厂商设计工况下的所有操作,但在一些情形下自动驾驶系统会发出接管请求,此时需要车内或者进行远程控制的驾驶人员及时对车辆进行接管。这种差异导致规制对象、行为规范和法律责任等方面都存在不少差异,加大了自动驾驶立法的难度。

管理体制方面上,自动驾驶的法律规制涉及诸多管理部门,不同部门所处的地位不甚清楚,不同部门之间的协调难度较大。由于关系到公共安全等影响因素,自动驾驶汽车的研发、设计、制造、交易(进口)、运行(使用)、运营、维修等诸多方面都需要监管,自动驾驶法律规制不但涉及监管传统机动车辆的发改、工信、公安、交通等部门,而且涉及测绘、通信、网信、城建等部门。由于缺少统一的顶层设计和整体的推进机制,再加上部门职责存在差异,这些部门在推进自动驾驶法律规制上的地位和角色并不清晰,不同部门相互之间的协调也比较难。这些也明显增加了自动驾驶立法的难度。

这些难题给自动驾驶立法的推进带来了较大阻力。与规制传统汽车的法律体系相类似,规制自动驾驶汽车的法律体系也非常庞大,涉及规制自动驾驶汽车生产、使用等环节的众多法律规范,且需要一整套技术标准作为基本支撑。再加上这种阻力的影响,自动驾驶监管法律体系这个庞然大物似乎让人感到无从下手。可以说,自动驾驶立法的推进在一定程度上陷入了困境。

二、应用监管思想创新

信息技术革命的持续推进在经济和社会领域中催生了许多新业态。在对新业态的治理中，我国逐步确立了包容审慎的监管思想。

2016年5月，国务院印发《2016年推进简政放权放管结合优化服务改革工作要点》，提出探索审慎监管。对新技术、新产业、新业态、新模式的发展，要区分不同情况，积极探索和创新适合其特点的监管方式，既要有利于营造公平竞争环境，激发创新创造活力，大力支持新经济快速成长，又要进行审慎有效的监管，防范可能引发的风险，促进新经济健康发展。对看得准的基于"互联网+"和分享经济的新业态，要量身定制监管模式；对一时看不准的，可先监测分析、包容发展，不能一下子管得过严过死；对潜在风险大的，要严格加强监管；对以创新之名行非法经营之实的，要坚决予以打击、加强监管。尽管该文件未明确提出包容审慎监管的概念，但其将"包容"作为探索审慎监管的重要方面，可以说是初步形成了包容审慎的监管思想[70]。

2017年1月，国务院办公厅发布《关于创新管理优化服务培育壮大经济发展新动能加快新旧动能接续转换的意见》，新提出探索包容创新的审慎监管制度，要求新兴经济领域贯彻更加包容和鼓励创新的治理理念，推动从处理具体事项的细则式管理转变为事先设置安全阀及红线的触发式管理，加强协同配合、鼓励多方参与，引导新产业新业态健康有序发展，释放经济发展新动能，促进传统领域管理创新、转型升级，还明确提出探索动态包容审慎监管制度，坚持建设发展与管理管控相结合，量身定做监管制度，逐步完善已形成规模、影响力较大的新产业新业态的监管制度体系。

此后，国家发布的多个文件中提出要推进包容审慎监管。2019年10月，国务院公布《优化营商环境条例》。该行政法规第五十五条规定："政府及其有关部门应当按照鼓励创新的原则，对新技术、新产业、新业态、新模式等实行包容审慎监管，针对其性质、特点分类制定和实行相应的监管规则和标准，留足发展空间，同时确保质量和安全，不得简单化予以禁止或者不予监管。"这在法律上正式确立了包容审慎的监管思想。

包容审慎监管由"包容监管"和"审慎监管"两大核心理念构成。所谓"包容"，就是新业态新模式只要不违反法律法规、不触及安全底线、不损害公众利益，就本着鼓励创新原则，为其成长留下足够空间。所谓"审慎"，就是对新业态新模式看不准的时候，不要一上来就管死，而是给它一个"观察期"，在出台监管措施时认真研究论证，既防止其不良行为，又引导其健康规范发展；对有些潜在风险很大、有可能造成严重不良后果的，就果断采取措施，这也适用于已有业态的监管；对谋财害命、坑蒙拐骗、假冒伪劣、侵犯知识产权的，不管是新业态还是传统业态，不管是线上还是线下，都坚决依法予以打击。

我国政府对新业态采取的包容审慎监管理念受到了多方认可，但这种监管理念在面对种类繁多的产业时，经常出现包容监管与审慎监管权重分配不当的问题，造成监管重心失衡。自动驾驶领域就是如此，包容严重不足，而过于审慎。开展自动驾驶立法，需要更加突出对创新的包容。

三、应用监管模式创新

在传统的道路交通运输法律制度中，对机动车辆的监管居于重要地位。由于机动车辆的使用具有一定的危险，关系到公共安全，许多国家普遍对机动车辆实行严格的监管，包括产品认证、车辆登记、经营许可、安全检验、强制召回等。由于机动车辆的设计、制造、使用（运营）、维修等具有较强的技术性，技术标准在监管中起着非常关键的作用，特别是在产品认证、安全检验和强制召回中。产品认证是对机动车辆生产环节进行的监管，在性质上属于一种市场准入制度[71]。机动车辆产品进入市场，需要通过认证，而认证就是由特定机构或者企业自身通过试验和检验的方法确定产品是否符合机动车辆技术标准。只有符合标准的产品，才能通过认证，被允许销售或进口。安全检验主要是对机动车辆使用（经营）环节进行的监管。机动车辆具有良好的安全性能是道路交通安全的基本保证。机动车辆在使用（经营）过程中需要定期进行安全检验，以确保其保持良好的安全性能，而安全检验就是由特定机构按照机动车辆安全技术标准对车辆进行检验检测，只有符合标准的车辆，才能合格[72]。强制召回也主要是对机动车辆使用（经营）环节进行的监管。如果机动车辆在使用（经营）过程中被发现存在可能会造成人身伤害或财产损失的缺陷时，则相关主管部门勒令制造商进行产品召回，包括修理、更换、收回等，而前述缺陷往往是因不符合机动车辆安全技术标准而产生的[73]。可以说，技术标准贯穿于整个机动车辆监管过程中。在不少国家和地区，技术标准是道路交通运输法律制度的重要组成部分。在技术标准不属于法规的国家，它也是道路交通运输法律制度的基础和支撑。这种依赖于技术标准的机动车辆监管模式是百余年探索的结果，是经过实践证明行之有效的。作为道路交通机动化程度较高的国家之一，德国就是运用这种监管模式对传统机动车辆实施监管的，建立了完善的道路交通运输法律制度。

然而，此监管模式并不能完全应用于当下的自动驾驶。自动驾驶实现了车辆驾驶的自动化，自动驾驶车辆与传统机动车辆在构造、功能和运行上存在较大差异，各国现行的技术标准体系仅能在部分方面适用于自动驾驶车辆。与此同时，作为一种新兴技术，自动驾驶在总体上处于商业化的前期，还在不断发展之中，尽管一些国家和国际组织正在积极推进自动驾驶技术标准的研发和编制[74]，但目前还缺少很多用来规范自动驾驶研发、制造和应用得成熟的、可普遍应用的技术标准。监管模式的不适应给自动驾驶立法带来了较大障碍，是造成自动驾驶监管滞后的重要原因之一。对于自动驾驶，如果沿用前述的监管模式，即使制订了相关法律，因技术标准的大面积缺失，它们在实践中也无法得到具体实施。因而，开展自动驾驶立法，需要进行监管模式的创新。

目前，从国外自动驾驶监管创新来看，主要有一种，一种以新加坡为代表的监管沙盒模式，另外一种是德国模式。德国在《自动驾驶法案》中，充分考虑了自动驾驶在现阶段的发展特点，未沿用传统机动车辆监管模式，以比较成熟的、体系性的技术标准为监管依据，而是由法律规定自动驾驶的基本技术要求，法规规定自动驾驶的具体技术要求，只要经过审核的自动驾驶车辆符合这些技术要求，就可通过准入，能够在公共道路上运行。从国内法制传统来看，比较适合借鉴监管沙盒的模式。

四、应用监管制度创新

鉴于自动驾驶的发展情况，在弱人工智能应用的情形下，自动驾驶应用监管制度建设可分为两个阶段。第一个阶段是缺少能够支撑监管的自动驾驶相关技术标准情形下的监管制度建设。第二个阶段是具备能够支撑监管的自动驾驶相关技术标准情形下的监管制度建设。目前属于第一个阶段。在此阶段，需要在充分考虑自动驾驶技术特点的基础上，加大监管制度创新的力度。

市场准入和监管方面，由于相关技术标准的缺失，无法建立标准符合性、强制认证等制度，需要建立监管沙盒制度，设立沙盒准入的条件，包括第三方安全认证或安全声明文件等，明确由工业和信息化部主管沙盒准入，建立个案监管制度，由准入部门根据企业的生产方案和准入时的要求对企业的后续生产进行监管，允许企业销售特定数量的自动驾驶车辆，允许进行自动驾驶车辆的转让和租赁。

交通管理方面，也需要建立监管沙盒制度，明确自动驾驶车辆登记的条件和程序，允许进行市场准入监管沙盒的不符合现行机动车安全技术标准的自动驾驶车辆，经过批准后，可办理注册登记和申请牌证，在办理前述手续后可上路通行。考虑到自动驾驶车辆驾驶的自主性，需要事前确定承担车辆自动驾驶义务和后续责任的主体，建立自动驾驶责任主体制度，明确由自动驾驶责任主体负责车辆在自动驾驶状态下的义务以及后续责任。考虑到自动驾驶车辆涉及的交通安全违法和交通事故处理问题，建立自动驾驶车辆管理人制度，对于有条件的自动驾驶车辆和高度自动驾驶车辆，分别由驾驶员和安全员担任车辆的管理人，对于没有安全员的自动驾驶车辆和无人配送车，由运营企业指定专人担任车辆的管理人，由自动驾驶车辆管理人负责处理交通安全违法和交通事故处理相关事宜。考虑到自动驾驶车辆的特殊情况，需要建立涵盖驾驶人、安全员、乘客等车内人员以及第三者的强制责任保险制度。

运营管理方面，也需要建立监管沙盒制度，明确自动驾驶车辆运营的准入条件和程序，允许进行市场准入监管沙盒的不符合现行道路运输车辆相关技术标准的自动驾驶车辆，经过批准后，可从事道路运输经营，明确由市或省级交通运输主管部门负责准入，允许企业单独或联合提出申请。考虑到当前自动驾驶应用尚处于初期，应建立区域运行制度，要求自动驾驶车辆应当在指定区域内运行，运行区域需要经过综合评估由公安机关交管部门、交通运输部门、市政管理部门等联合确定。考虑到自动驾驶运营的安全问题，建立运行公告制度，要求在运营前向社会公告自动驾驶运营的区域、路线以及自动驾驶车辆的类型、标识、运营企业名称和联系方式等。考虑到自动驾驶运营情况的复杂性，需要建立个案监管制度，由准入部门根据企业的运营方案和准入时的要求对企业的自动驾驶车辆运营进行监管。

参 考 文 献

[1] 翟光主. 自动控制原理[M]. 北京：北京理工大学出版社，2020：1.

[2] 施瓦茨，凯利. 无人驾驶：重新思考未来交通[M]. 李建华，杨志华，译. 北京：机械工业出版社，2021：4.

[3] 张龙. 空间机构学与机器人设计方法[M]. 南京：东南大学出版社，2018：270-271.

[4] 柴占祥，聂天心，[德]Jan Becker. 自动驾驶该改变未来[M]. 北京：机械工业出版社，2017.

[5] 川原英司，北村昌英，矢野裕真，等. 自动驾驶：出行方式和产业模式的大变革[M]. 陈琳珊，译. 杭州：浙江人民出版社，2021：15.

[6] 李磊. 论中国自动驾驶汽车监管制度的建立[J]. 北京理工大学学报（社会科学版），2018，20（2）：124-131.

[7] 黄华丹. 自动驾驶如何分级？——Mobileye挑战SAE权威[EB/OL]. （2023-02-21）[2023-09-18]. https://baijiahao.baidu.com/s?id=1758420273561190063&wfr=spider&for=pc.

[8] 王泉. 从车联网到自动驾驶：汽车交通网联化、智能化之路[M]. 北京：人民邮电出版社，2018.

[9] 李克强，王建强，许庆. 智能网联汽车[M]. 北京：清华大学出版社，2022.

[10] 宋传增. 智能网联汽车技术概论[M]. 北京：机械工业出版社，2020.

[11] 严炎，占锦文. MEC在自动驾驶领域的应用探讨[J]. 广东通信技术，2020，40（4）：29-33.

[12] 葛雨明. 自动驾驶出租车加快商业化示范测试[EB/OL]. （2021-06-20）[2023-10-18]. https://zhuanlan.zhihu.com/p/382309761.

[13] 王志勤. 车联网支持实现无人驾驶的思考[J]. 人民论坛·学术前沿，2021，10（4）：49-55.

[14] 胡曦. 基于物联网时代的车联网研究与实践[M]. 长春：吉林大学出版社，2020：72.

[15] 蘑菇车联信息科技有限公司. 自动驾驶的单车智能和车路协同有何不同？[EB/OL]. （2021-09-03）[2023-09-28]. https://mp.weixin.qq.com/s?src=11&timestamp=1691475182&ver=4699&signature=Laus3zmI6WSFv30ik0w0JzPzWw6XxTSKH7phhY9IzQj*uTfQ*V1okNlftABtECz1aGGLotwrryHQ6cSKWn

KiNSzLbf*EVA1lLoznTBKiuq4N*4X5JiiO1a*Lt11HttY3&new=1.

[16] 陈刚，殷国栋，王良模. 自动驾驶概论[M]. 北京：机械工业出版社，2019.

[17] 田晋跃，罗石. 无人驾驶技术[M]. 北京：化学工业出版社，2020.

[18] 王建，徐国艳，陈竞凯，等. 自动驾驶技术概论[M]. 北京：清华大学出版社，2019.

[19] 涂辉招. 自动驾驶道路测试风险管理[M]. 上海：同济大学出版社，2021：23.

[20] 陶力. 专访菜鸟ET物流实验室主任张春晖：无人驾驶将率先在物流业落地[N]. 21世纪经济报道，2018-06-08(19).

[21] 中国物流与采购联合会和中国物流学会. 中国物流发展报告（2016—2017）[M]. 北京：中国财富出版社，2017：423.

[22] 姜子谦. 京东发布国内首辆无人配送车[N]. 北京娱乐信报，2016-09-02(18).

[23] 崔胜民. 智能网联汽车技术[M]. 北京：机械工业出版社，2022.

[24] 李晓华. 自动驾驶的发展现状、挑战与应对[J]. 人民论坛，2023，32（18）：68-72.

[25] 申杨柳，朱一方. 我国现行法律法规对自动驾驶汽车的适用性分析[J]. 汽车纵横，2019，9（7）：59-61.

[26] 申杨柳. 自动驾驶汽车测绘管理政策法规问题及优化建议[J]. 汽车与配件，2020，40（5）：40-42.

[27] 陈晓林. 无人驾驶汽车对现行法律的挑战及应对[J]. 理论学刊，2016，33（1）：124-131.

[28] 杨梦露. 无人驾驶汽车交通事故侵权责任认定之法律困境及立法建议[J]. 人民论坛·学术前沿，2020，9（4）：124-127.

[29] 何坦. 论我国自动驾驶汽车侵权责任体系的构建——德国《道路交通法》的修订及其借鉴[J]. 时代法学，2021，23（1）：46-58.

[30] 付新华. 自动驾驶汽车事故：责任归属、法律适用与"双层保险框架"的构建[J]. 华东政法大学学报，2018，21（4）：65-77.

[31] 马宁. 因应自动驾驶汽车致损风险的保险机制[J]. 华东政法大学学报，2022，25（1）：83-98.

[32] 于海纯，吴秀. 自动驾驶汽车交通事故责任强制保险制度研究——一元投保主体下之二元赔付体系[J]. 保险研究，2020，41（8）：64-75.

[33] 江溯. 自动驾驶汽车对法律的挑战[J]. 中国法律评论，2018，5（2）：180-189.

[34] 莫宏伟，徐立芳. 人工智能伦理导论[M]. 西安：西安电子科学技术大学出版社，2022：111.

[35] 毛雷尔，格迪斯，伦茨，等. 自动驾驶技术、法规与社会[M]. 白杰，黄李波，白静华，译. 北京：机械工业出版社，2021：396.

[36] 毛向阳，尚世亮，崔海峰. 自动驾驶汽车安全影响因素分析与应对措施研究[J]. 上海汽车，2018，44（1）：33-37.

[37] 康朴. 智能网联汽车加速驶来[N]. 人民日报（海外版），2021-03-24(8).

[38] 综欣. 5G物联网时代如何保证智能驾驶安全[N]. 浙江日报，2019-08-06(13).

[39] 赫荣亮，关兵. 美国《自动驾驶汽车综合计划》三点启示[J]. 智能网联汽车，2021，4（3）：61-63.

[40] 蔡雄山，曹建峰，王一丹. 美国首部"无人驾驶法案"的核心及启示[EB/OL]. （2017-09-07）[2023-10-20]. https://mp.weixin.qq.com/s?src=11&timestamp=1696751952&ver=4821&signature=d-azYZCBIs4ea2OqUDwim3tNLqlH5M7QfswtdTTbSSppVUzpq0vvf2hhrwf1FxMaOVIz5q8kHHumC*wIMuxWB*KMESHLQ08l3BCgW2tp8Ck0ylC04TQgnof9FIv4l&new=1.

[41] 郑志峰. 论自动驾驶汽车被动接管规则[J]. 华东政法大学学报，2023，26（3）：59-71.

[42] BASCELLI M C. Where the Sidewalk Ends and Robots Deliver: Setting a Framework for Regulating Personal Delivery Devices[J]. Rutgers Computer and Technology Law Journal，2018，44（1）：93-124.

[43] 张永伟. 自动驾驶应用场景和商业化路径[M]. 北京：机械工业出版社，2021：60.

[44] 封锐，闵娜娜，刘欣. 德国修改道路交通法引入自动驾驶条款[EB/OL]. （2017-06-02）[2023-10-28]. https://www.junhe.com/law-reviews/640.

[45] 曹建峰，张嫣红. 《英国自动与电动汽车法案》评述：自动驾驶汽车保险和责任规则的革新[J]. 信息安全与通信保密，2018，40（10）：68.

[46] 王春梅. 人机协同视域下中国自动驾驶汽车责任保险立法构设[J]. 上海师范大学学报（哲学社会科学版），2022，65（3）：47-57.

[47] 李嘉宁. 自动驾驶汽车的法律制度初探[D]. 北京：北京邮电大学，2019.

[48] 刘思，周紫君，范煜君. 英国自动驾驶政策法规及技术推进动态[J]. 交通世界，2020，27（28）：3-5.

[49] 申杨柳，朱一方. 韩国立法护航自动驾驶商业化[N]. 中国汽车报，2020-08-24(6).

[50] 叶明. 无人驾驶产业的制度激励研究[J]. 人民论坛·学术前沿，2021，10（2）：66-74.

[51] 余积明. 自动驾驶汽车产业治理的框架和要点[J]. 行政法学研究，2019，27（2）：114-125.

[52] 刘宪权. 人工智能时代的"内忧""外患"与刑事责任[J]. 东方法学，2018，11（1）：134-142.

[53] 国土交通省自動車局. 自動運転車の安全技術ガイドラン[R]. 東京：国土交通省，2018.

[54] 秦志媛，贾宁，刘宇. 高精度地图应用于自动驾驶汽车的政策法规问题[J]. 汽车与配件，2019，39（3）：40-42.

[55] 张守文. 无人驾驶的制度环境及其优化[J]. 人民论坛·学术前沿，2021，10（2）：22-30.

[56] 唐立，卿三东，徐志刚. 自动驾驶公众接受度研究综述[J]. 交通运输工程学报，2020，20（2）131-143.

[57] 栾群，张浩. 自动驾驶发展为何需要伦理规范[J]. 智能网联汽车，2019，2（5）：16-19.

[58] 格伦瓦尔德. 技术伦理学手册[M]. 吴宁，译. 北京：社会科学文献出版社，2017：3-11.

[59] 苏令银. 论机器伦理视域中自动驾驶汽车的道德决策[J]. 科学技术哲学研究，2019，36（3）：82-87.

[60] National Transportation Safety Board. Highway Accident Report NTSB/HAR-19/03: Collision Between Vehicle Controlled by Developmental Automated Driving System and Pedestrian, Tempe, Arizona, March 18, 2018[R]. Washington, DC: National Transportation Safety Board，2019.

[61] 张继红，肖剑兰. 自动驾驶汽车侵权责任问题研究[J]. 上海大学学报（社会科学版），2019，36（1）：16-31.

[62] World Health Organization. Global Status Report on Road Safety 2023[R]. Geneva: World Health Organization，2023.

[63] 李勇坚，张丽君，等. 人工智能伦理的冲突与融合[M]. 北京：经济管理出版社，2019：175-193.

[64] ROSENBLUM A. Top Safety Official Doesn't Trust Automakers to Teach Ethics to Self-Driving Cars[EB/OL]. （2016-09-02）[2023-10-20]. https://www.technologyreview.com/2016/09/02/157755/top-safety-official-doesnt-trust-automakers-to-teach-ethics-to-self-driving-cars/.

[65] 方芳. 自动驾驶汽车法律地位分析[J]. 智能城市，2018，4（17）：24-25.

[66] 赵振剑. 人工智能的侵权责任主体研究——以弱人工智能时代为背景[D]. 上海：华东理工大学，2020.

[67] 郭俊奎. 总理为市场松绑为政府划线[EB/OL].（2014-03-13）[2023-11-18]. http://opinion.people.com.cn/n/2014/0313/c1003-24628048.html.

[68] 车百智库，中国电动汽车百人会. 无人配送在国内商业化的现状、挑战及建议[J]. 智能网联汽车，2020，3（2）：60-67.

[69] 吴超仲，吴浩然，吕能超. 人机共驾智能汽车的控制权切换与安全性综述[J]. 交通运输工程学报，2018，18（6）：131-141.

[70] 刘权. 数字经济视域下包容审慎监管的法治逻辑[J]. 法学研究，2022，44（4）：37-51.

[71] 何树林. 车辆管理学[M]. 北京：国防工业出版社，2012：38-42.

[72] 房日荣，沈斐敏. 道路交通安全[M]. 北京：机械工业出版社，2019：232-237.

[73] 赵晓东. 汽车法律法规[M]. 北京：北京理工大学出版社，2011：92-101.

[74] 费音，曹建永. 国内外智能网联汽车标准概况研究[J]. 质量与标准化，2019，38（11）：47-50.